UN CAS DE
DÉMATÉRIALISATION
PARTIELLE
DU CORPS D'UN MÉDIUM

ENQUÊTE ET COMMENTAIRES

PAR

M. A. AKSAKOW

Traduit de l'allemand

PARIS
LIBRAIRIE DE L'ART INDÉPENDANT
11 — RUE DE LA CHAUSSÉE-D'ANTIN — 11

1896
Tous droits réservés

UN CAS DE

DÉMATÉRIALISATION PARTIELLE

UN CAS DE
DÉMATÉRIALISATION
PARTIELLE
DU CORPS D'UN MÉDIUM

ENQUÊTE ET COMMENTAIRES

PAR

M. A. AKSAKOW

Traduit de l'allemand

---—+×+—---

PARIS
LIBRAIRIE DE L'ART INDÉPENDANT
11 — RUE DE LA CHAUSSÉE-D'ANTIN — 11

1896

Tous droits réservés

CHAPITRE PREMIER

SPÉCULATIONS THÉORIQUES

Un cas des plus extraordinaires s'est produit, en décembre 1893, à une séance donnée à Helsingfors en Finlande par Mme d'Espérance, fait qui jette une vive lumière sur les mystérieux phénomènes de la matérialisation et qui confirme par *la vue* et par *le toucher*, ce qui, jusqu'à présent, n'avait été qu'un postulat théorique exigé par la Logique.

Avant d'entrer dans les détails de ce fait, il faut que je donne en quelques mots une idée du principe auquel j'ai déjà fait allusion, principe qui, nous semble-t-il, comprend tous les faits de matérialisation et qui complète ceux dont je vais traiter.

De tout temps il a été reconnu en spiritisme que le

phénomène de la matérialisation se produit aux dépens du corps du médium qui en fournit les éléments nécessaires, c'est-à-dire qu'un certain degré de dématérialisation du corps du médium est la suite inévitable du phénomène. Mais on ne s'était pas encore décidé à pousser cette hypothèse jusqu'à ses dernières limites, à en tirer les conséquences extrêmes qui devaient s'en déduire absolument, logiquement, si elle était vraie. D'un côté le manque de faits et d'observations directes qui justifient cette conclusion, d'un autre côté le fait extraordinaire qu'elle force à admettre, (fait qui cependant n'est pas plus extraordinaire que celui de la matérialisation elle-même auquel on commence à s'habituer) expliqueraient suffisamment pourquoi il n'a pas encore été expressément formulé et admis en général. Mais maintenant nous avons *un fait* qui nous donne le droit de nous exprimer avec plus de certitude, c'est ce que je vais essayer.

L'étude des faits médiumniques nous conduit à admettre trois stages de matérialisation :

1° Au premier degré nous avons *la matérialisation invisible*. Nous devons *à priori* l'admettre indirectement, si nous voyons des mouvements d'objets, que seul un organe humain invisible pourrait provoquer, comme je l'ai indiqué dans *Animisme et Spiritisme*; ensuite à cause des sensations d'attouchement que l'on éprouve aux séances demi-obscures, et que l'on es tenté d'attribuer à une main, quoique celle-ci reste invisible. Enfin nous sommes confirmés dans cette supposition par les faits de la photographie transcendantale en général, et en particulier par certains cas de ce genre de photographie où la vue et le toucher de formes invisibles à l'œil normal sont confirmés par la photographie. Telles sont, par exemple, les photographies de Beattie, ainsi que celles de Mumler, où Mme Conant, le fameux médium américain, voit une apparition qui lui touche la main et où la photographie prouve que c'était bien véritablement une main appartenant à une figure invisible à l'œil ordinaire; ou encore la photographie de M. Tinkham, sur laquelle on voit un petit bout de vêtement soulevé par une main invisible.

La photographie transcendantale nous fournit la preuve de l'existence éphémère de formes réelles, objectives, que nous ne pouvons comprendre que par l'hypothèse d'une matérialisation commençante, encore invisible à nos yeux. La matière nécessaire est certainement empruntée au médium, mais sa quantité est si minime, que le degré de dématérialisation du médium n'est pas perceptible pour nos sens.

2° Au deuxième degré nous avons le phénomène bien connu *de la matérialisation visible et tangible, mais seulement partielle et incomplète*. Ainsi l'apparition de mains a été constatée aux séances depuis le début du mouvement spirite. Elle se produisait en pleine lumière, pendant que le médium se trouvait au milieu des assistants. Lorsque plus tard on en arriva aux séances obscures, les mains continuèrent à être senties en même temps que le médium que l'on tenait tout le temps par les mains. Dans ces conditions on obtint aussi des matérialisations partielles : des têtes, des bustes, des figures plus ou moins fluidiques, mais dans l'obscurité. Quand enfin on commença à isoler le médium *derrière un rideau* ou dans un cabinet noir, on obtint des apparitions de mains, de têtes, de bustes qui étaient bien plus nettes et qui se montraient même avec un peu de lumière. D'après le principe de la théorie, ce phénomène de la matérialisation partielle doit correspondre à une *dématérialisation partielle* du médium, c'est-à-dire d'un de ses organes quelconques, ou à une dématérialisation générale plus ou moins inappréciable à nos sens.

On n'a pas pu faire sur le médium même qui, dans ces cas, se trouvait toujours tout à fait seul dans le cabinet, d'observations directes sur les changements qui pouvaient accompagner dans son corps la création des phénomènes. Mais en dernier lieu, dans le cas des séances avec Mme d'Espérance qui vont être traitées tout à l'heure en détail, nous avons obtenu la pleine confirmation de nos conclusions logiques : pendant que Mme d'Espérance se tenait, à une faible lumière, devant le rideau, et que des demi-matérialisations se produisaient derrière le rideau, par exemple des apparitions de mains et de bustes, plusieurs personnes ont constaté, au moyen du toucher et de la vue, une demi-dématérialisation de son corps, c'est-à-dire celle de ses pieds et de ses jambes.

3° Au troisième degré nous avons *la matérialisation complète*, c'est-à-dire celle d'une figure humaine visible et tangible complète, qui pour l'œil ne diffère en rien d'un corps humain vivant. Ce phénomène est le développement le plus élevé, le *non plus ultra* de la matérialisation, pendant laquelle le médium se trouve isolé dans l'obscurité et généralement en transe. Une longue étude de ce phénomène força à reconnaître que lorsque l'on obtenait la complète matérialisation d'une figure humaine, cette matérialisation présentait indubitablement les traits du médium. De là résultèrent bien des causes de soupçons, de prétendus démasquages, etc. Toutes les tentatives pour voir le médium et la figure entière en même temps (pendant lesquelles on n'a malheureusement pas recherché l'état des deux corps, ceux du médium et de la figure) échouèrent à de rares exceptions près. Quand enfin on se fut assuré au moyen de garanties exceptionnelles (par exemple en tenant les cheveux du médium à l'extérieur du cabinet, ou bien en l'introduisant dans un courant galvanique) que le médium ne pouvait jouer ni consciemment ni inconsciemment le rôle du médium en personne, et que néanmoins la ressemblance de la figure et du médium était complète, ou au moins presque complète, (comme dans le cas de John King qui ressemblait à son médium Williams et de Katie King qui ressemblait à Miss Cook, son médium) on fut porté à admettre que *le double* ou *le dédoublement* du médium était le point de départ du phénomène. Mais cette expression nous conduit à une fausse interprétation ; car on peut comprendre ou se figurer que ce double est pour ainsi dire comme une moitié, un simulacre de son corps, tandis que son corps réel se trouve derrière le rideau.

En réalité ce n'est point une moitié, point un semblant de corps, mais un véritable corps complet, en chair et en os, qui est en tout ressemblant au médium; bref, c'est le corps du médium, à s'y tromper. Qu'est donc devenu au même instant son corps réel ? On ne peut pourtant pas raisonnablement admettre que le médium ait, à un moment donné, *deux corps complets absolument identiques*. Nous avons déjà dit qu'il était, en somme, complètement logique d'admettre que le degré de matérialisation d'une apparition corresponde au degré de dématérialisation du médium ; si, en conséquence, la matérialisation de la forme humaine qui apparaît est complète, *la dématérialisation du médium doit aussi être complète*, ou tout au moins doit aller jusqu'à un degré tel qu'il pourrait devenir *invi-*

sible pour nos yeux, si l'on voulait s'assurer de son état pendant ce phénomène.

En résumé, et en gardant constamment présente la thèse *que toute matérialisation nécessite une dématérialisation correspondante du médium*, l'échelle complète des divers phénomènes de matérialisation se présenterait de la manière suivante.

1° *La matérialisation invisible primordiale* correspond à une *dématérialisation minima et invisible* du médium, qui reste visible.

2° *La matérialisation visible, mais partielle, incomplète quant à la forme ou l'essence*, correspond à une *dématérialisation* également *partielle ou incomplète du médium* qui est encore visible dans l'ensemble ou en partie.

3° *La matérialisation visible et complète* d'une forme humaine entière correspond à une *dématérialisation maxima ou complète* du médium jusqu'au point où, de son côté, il devient *invisible*.

Ceci admis en principe général (ce qui, pourtant, n'exclut pas toutes sortes de nuances et de possibilités suivant les aptitudes spéciales des divers médiums et la composition du cercle, et aussi parce que nous ignorons les limites du développement du phénomène) nous expliquerait, jusqu'à un certain point, nombre de faits mystérieux des matérialisations qui paraissent douteux et engendrent le soupçon. Mais j'y reviendrai dans un chapitre spécial. La question importante est celle-ci : Avons-nous des faits certains qui justifient les points 2 et 3 du formulaire général que je viens d'établir?

Nous sommes maintenant en état de répondre affirmativement.

Je commencerai par un fait de mon expérience personnelle auquel je réfléchis depuis longtemps et qui, à mes yeux, se présente à l'appui de cette théorie comme une si forte présomption, qu'elle équivaut presque à une preuve positive. Il a trait à la matérialisation classique de Katie King que j'ai déjà décrite dans *Animisme et Spiritisme* et que je reproduis de nouveau ici en abrégé.

C'était en 1873. M. Crookes avait déjà publié ses articles sur la force psychique, mais il ne croyait pas encore aux matérialisations, disant qu'il n'y croirait que quand il pourrait voir en même temps la forme matérialisée et le médium. Comme je me trouvais, à ce moment, à Londres, je désirais, très naturellement, voir ce phénomène — alors unique — de mes propres yeux.

Après avoir fait la connaissance de la famille de M. Cook, je fus très gracieusement invité à la séance qui devait avoir lieu le 22 octobre. La séance eut lieu dans une petite chambre servant de salle à manger. Le médium, Miss Florence Cook, prit place sur une chaise dans un enfoncement formé par la cheminée et un coin de la chambre, derrière un rideau glissant sur des anneaux. M. Luxmoore, qui dirigeait la séance, exigea que je vérifiasse avec soin la place et la manière dont il venait de lier le médium, car il considérait cette mesure de prudence comme toujours nécessaire. Il attacha au préalable chacune des mains du médium avec une forte bande, cacheta les nœuds, puis, réunissant les deux mains du médium derrière le dos, il les attacha avec les bouts de la même bande et cacheta à nouveau les nœuds ; puis il les lia encore une fois à une longue bande qui fut engagée hors du rideau à travers un coulant de cuivre et tenant à la table à côté de laquelle était assis M. Luxmoore et fixée elle-même sur cette table.

De cette manière, le médium n'aurait pas pu se lever sans tirer sur la bande. La chambre était éclairée par une petite lampe placée derrière un livre. Au bout de moins d'un quart d'heure, le rideau fut poussé assez de côté pour découvrir une forme humaine qui se tenait droite à côté du rideau, tout habillée de blanc, le visage à découvert, mais les cheveux également couverts d'un voile blanc. Les mains et les bras étaient nus... c'était Katie. Pendant toute la durée de la séance, Katie causait avec les membres du cercle. Sa voix s'était adoucie jusqu'au murmure. Elle répéta plusieurs fois : — « Posez-moi des questions, des questions raisonnables ». — Là-dessus je lui demandai : « Ne pouvez-vous me montrer votre médium ». — Elle répliqua : — « Oui, venez très vite et voyez ». — En un moment j'avais rejeté le rideau, je n'avais qu'un pas à faire, la forme blanche avait disparu.

Devant moi, dans un coin sombre, se trouvait la forme sombre du médium, assise dans un fauteuil. Elle avait une robe de soie noire ; c'est pourquoi je ne pouvais la voir très distinctement. Dès que j'eus repris ma place, la forme blanche de Katie apparut de nouveau près du rideau et me demanda : — « Avez-vous bien examiné ». — Je répondis : — « Pas tout à fait, car il faisait assez sombre derrière le rideau ». — « Alors prenez la lampe et examinez au plus vite » — répliqua Katie d'un ton décidé. En une seconde j'étais avec la lampe derrière le rideau. Toute trace de Katie avait disparu ; je n'avais devant moi que le médium en transe profonde, assis dans un fauteuil, avec les mains attachées derrière le dos. La lumière qui tomba sur sa figure fit son effet habituel : le médium commença à gémir et à s'éveiller. Un dialogue intéressant s'établit derrière le rideau entre le médium, en train de s'éveiller tout-à-fait, et Katie qui tentait de l'endormir à nouveau. Mais elle fut obligée de céder, dit adieu, et le silence suivit. La séance était finie. M. Luxmoore m'engagea à inspecter à fond les liens, nœuds et cachets. Tout était intact ; et quand il me proposa de couper les liens, je ne pus introduire qu'avec peine les ciseaux sous les bandes, tant les poings étaient attachés fortement.

Ma confiance dans l'authenticité de ce fait est absolue ; aussi je le considère comme de la plus haute importance pour la confirmation du principe théorique qui nous occupe. Comment doit-on comprendre ce phénomène et qu'en conclure ? Katie avait, comme on sait, une ressemblance parfaite avec son médium. Elle était son double à s'y tromper ; et non en forme hallucinatoire, mais en chair et en os, avec un cœur et des poumons, comme l'a établi M. Crookes. Peut-on, raisonnablement, admettre que le médium puisse, à un moment donné, avoir *deux corps* complets en même temps : l'un sous la forme de Katie hors du cabinet, l'autre sous sa propre forme dans le cabinet ? Évidemment non. Les liens restés intacts prouvent que Katie n'était pas le médium en personne, jouant inconsciemment le rôle de l'esprit. Le médium n'aurait pas pu en un moment se dévêtir, se sortir des liens, se rhabiller, se rattacher, etc. ; même si, au point de vue physique, cela eût été possible. On a donc tout lieu de croire que, même si j'avais pu devancer Katie ou jeter un regard dans le cabinet pendant qu'elle était en dehors, — *je n'y aurais tout de même pas vu son médium* — tout au plus ses vêtements, ou bien aussi rien de tout cela. Mais comment doit-on comprendre que la forme se mette avec la rapidité de l'éclair à la place du médium, habillée, attachée? Les habits et les liens doivent pourtant, si le corps disparaît, tomber à terre. Comment donc y rentrer? Cela nous force à supposer que certainement tout le corps ne se dématérialise pas, mais que quelque chose — un « substratum », une forme astrale — subsiste, qui conserve les positions des liens et des habits, et que, de cette façon, la forme matérialisée peut en un moment se séparer de cette forme fluidique, puis de nouveau se réunir à elle; et ainsi le médium se trouve à sa place.

Nous savons qu'aux séances avec lumière, les mains matérialisées apparaissent avec une rapidité incomparable, et disparaissent de nouveau dans le médium.

Le phénomène est donc le même. Nous avons, à l'appui de cette théorie, un fait parfaitement probant, dans l'aventure suivante du colonel Henry S. Olcott, arrivée en 1874 avec le médium Mme Elisabeth J. Compton, en Amérique.

Le colonel raconte ce qui suit dans son livre : *People from the other World (Gens de l'autre monde)* (1):

« Ma première séance avec le médium eut lieu le soir du 20 janvier 1874. Les spectateurs, au nombre d'une

(1) Hartford, Conn. : American Publishing Company, 1875, gr. in-8° de 492 p.

demi-douzaine, étaient assis sur des chaises tout autour de la chambre, à distance d'environ huit pieds du cabinet : Mᵐᵉ Compton prit place à l'intérieur, sur la chaise, la lampe dans la chambre fut baissée très bas, et pendant longtemps il ne se passa rien d'intéressant. Enfin, la porte s'ouvrit et la figure d'un Indien parut sur le seuil, nous interpella et me salua cordialement, mais ne sortit pas, déclarant le médium trop faible et chancelant pour lui fournir la force nécessaire.

Le soir suivant se montra la petite Katie Brink qui circula, toucha plusieurs personnes et caressa leurs mains et leurs joues. Habillée d'un vêtement flottant de mousseline blanche crêpée, la tête couverte d'un voile de fiancée qui tombait jusqu'à ses genoux, glissant comme sur des souliers de velours, et visible à moitié seulement dans l'obscurité, elle me rappelait la fiancée de Corinthe de Goethe...

Passant auprès des autres spectateurs, elle vint à moi qui me tenais à l'écart une main appuyée sur la cloison du cabinet, et, tandis qu'elle me caressait doucement le front, elle s'assit sur mes genoux, mit un bras sur mon épaule et me baisa la joue gauche. Son poids paraissait à peine aussi fort que celui d'un enfant de huit ans, mais je sentis son bras ferme sur mon épaule, et les lèvres qui m'embrassèrent étaient aussi naturelles que des lèvres vivantes. Après nous être entendus je pénétrai dans le cabinet, tandis que la petite fille se trouvait extérieurement ; *je n'y trouvai point de médium,* bien que j'eusse inspecté non seulement tous les recoins et que pour mieux m'assurer que je n'étais pas halluciné j'eusse palpé la chaise, les murs et tout l'espace à l'entour. Il ne pouvait y avoir qu'une alternative : ou l'esprit n'était pas un esprit, mais le médium ; ou le médium avait été transfiguré à la manière des thaumaturges orientaux (évocateurs des morts). Je voulus trancher définitivement cette question avant de quitter la ville.

Le lendemain soir, après avoir obtenu l'assentiment amical de Mme Compton de se soumettre à mes investigations, j'enlevai ses boucles d'oreille, je l'assis sur une chaise dans le cabinet, et je l'y fixai en passant un fil retors, n° 50, à travers les trous percés dans ses oreilles et en cachetant les bouts des fils au dossier de la chaise avec de la cire à cacheter, sur laquelle j'appuyai mon sceau particulier. Là-dessus je fixai la chaise au sol avec de la ficelle et de la cire à cacheter, d'une manière tout à fait sûre.....

Lorsque la lumière eût été diminuée, comme d'habitude à ces séances, et la porte du cabinet fermée, nous chantâmes pendant quelques minutes ; tout à coup, au travers de l'ouverture au-dessus de la porte, *une paire de mains flottèrent* de droite à gauche et disparurent aussitôt. Là-dessus il vint encore une paire de mains plus grandes, et alors une voix me parla (si ce n'était point celle du défunt Daniel Webster, c'était au moins sa reproduction exacte en profondeur, sonorité, tonalité, autant que je puis m'en souvenir) et me donna des instructions complètes et des mesures de prudence sur la manière dont je devais continuer mes recherches : — Quand je pénétrerais dans le cabinet, pendant que l'esprit était à l'extérieur, je pourrais partout tâter et toucher librement, pour me convaincre que le médium n'y était pas, mais je devais prendre soin de ne pas toucher effectivement la chaise. Je pourrais approcher mes mains aussi près que je le désirerais, mais j'étais prié d'éviter le contact direct avec la substance (de la chaise). Ensuite je devais mettre sur le plateau de la balance une couverture de n'importe quel genre, pour que l'esprit ne soit pas en contact avec du bois ou du métal. — Je promis de me conformer à ces indications et j'eus bientôt la satisfaction de voir la petite fille en blanc par la porte ouverte. Elle s'avança, parcourut le cercle, toucha plusieurs personnes et s'approcha ensuite de la balance. J'étais assis, prêt à agir, une main au poids et l'autre au bout du levier, et je pris, dès qu'elle monta, son poids, sans perdre une seconde. Elle se retira aussitôt dans le cabinet ; après quoi je lus les chiffres à la lumière d'une allumette. Elle ne pesait que 77 livres anglaises, quoiqu'elle n'eût pas la forme d'un enfant...

L'esprit ressortit et je pénétrai aussitôt dans le cabinet ; j'examinai tout avec le plus grand soin, mais je ne trouvai, comme avant, aucune trace du médium. La chaise était là ; *mais aucun corps présent n'était assis dessus*. J'engageai alors la jeune fille-esprit à se faire, si c'était possible, plus légère et elle remonta sur la balance. Aussi vite que la première fois, j'avais mis le levier en équilibre ; et, lorsqu'elle se fut de nouveau retirée comme la première fois, je lus le chiffre 59 livres. Elle reparut encore une fois et, cette fois, elle alla de l'un à l'autre des spectateurs, caressa la tête de l'un, la main de l'autre, s'assit sur les genoux de Mme Hardy, mit doucement sa main sur ma tête, caressa ma joue et monta sur le plateau de la balance pour me permettre une dernière épreuve. Cette fois, elle ne pesa que 52 livres, quoique du commencement à la fin aucun changement, ni dans ses vêtements, ni dans son apparence corporelle n'ait été constaté...

Ce pesage terminé, Katie ne parut plus. Après que quelques minutes se furent écoulées, nous fûmes interpellés par la basse profonde et gutturale du chef indien, qui se montra à la porte. Une conversation s'ensuivit entre lui et M. Hardy qui avait habité quelques années chez les indigènes de l'Ouest et qui témoigna de l'authenticité du langage parlé par l'esprit-chef.

J'entrai avec une lampe à l'intérieur et je trouvai le médium exactement tel que je l'avais laissé au début de la séance, chaque fil et chaque cachet intact. Elle était assise, la tête appuyée contre la paroi, sa chair pâle et froide comme du marbre, ses pupilles relevées sous les paupières, son front couvert d'une sorte de sueur de mort, sans respiration et sans pouls. Lorsque tous eurent vérifié les fils et les cachets, je coupai les minces liens avec des ciseaux et je portai, en tenant la chaise par le siège et le dossier, la femme cataleptique au plein air de la chambre. Elle resta ainsi 18 minutes sans vie ; la vie rentra alors peu à peu dans son corps, jusqu'à ce que la respiration, le pouls, et la température de sa peau redevinssent normaux. Je la mis sur la balance ; elle pesait 121 livres.

Comme, d'après cela, la forme de Katie Brink pesait 77 livres, il restait pour le corps du médium dans le cabinet seulement 44 livres, un peu plus d'un tiers de son poids normal — et il était déjà invisible à nos yeux, ainsi que ses habits et ses liens. Il faut donc supposer qu'il se trouvait là un corps, qui conservait la position du corps du médium, de ses vêtements et de tous les fils, qui leur servait de base invisible. Mais la forme de Katie Brink ne resssemblait pas à celle de son médium ; elle avait la stature d'une enfant de huit ans. Que devait-il donc rester du corps de Miss Cook, le corps de Katie King, au dire de M. Crookes, étant encore plus grand que celui de son médium ?

Nous avons d'autant plus le droit de prétendre que ce reste était invisible et que la transfusion du corps matérialisé dans son corps astral (qui était assis sur la chaise) se fit avec une vitesse incompréhensible. Ceux qui ont examiné des apparitions de mains, peuvent se faire une idée de la rapidité avec laquelle ces mains apparaissent et retournent dans le corps du médium ; cela peut faire comprendre la rapidité de la disparition d'une forme entière.

M. Crookes a fait, à plusieurs reprises, la remarque, en entrant en même temps que Katie dans le cabinet noir, *qu'elle avait disparu au même moment*. Comme il maintenait toujours sa prétention de voir ensemble la forme et son médium, il finit par y réussir, mais une fois seulement dans l'obscurité, et alors Katie ne pouvait plus parler ; elle se trouvait donc dans un état de demi-matérialisation. Il est dommage que la forme de Katie n'ait pas été pesée ; on pourrait presque affirmer qu'elle devait posséder 9/10 du poids du médium.

Ici j'ajoute encore un fait de ma propre expérience, qui confirme les deux précédents.

En 1890, je me suis rendu tout exprès à Gothenbourg, pour avoir avec Mme d'Espérance une série de séances de matérialisation. Elle m'autorisa à la soumettre à toutes les conditions d'épreuves que je considérerais comme nécessaires, pour me convaincre des phénomènes, privilège qu'elle n'avait encore accordé à personne.

A la séance du 5 juin j'étais assis, comme d'habitude, tout près du coin du cabinet dans lequel Mme d'Espérance se trouvait assise à mes côtés ; le rideau seul nous séparait, son ouverture latérale se trouvait tout près de mon épaule droite, je n'avais qu'à tirer le rideau un peu de côté pour voir le médium. La forme matérialisée, qui apparaissait alors sous le nom de Yolanda, s'était déjà montrée plusieurs fois et, même, s'appuyant sur mon bras, avait fait le tour du cercle. Une lampe au plafond, couverte de plusieurs feuilles de papier rouge, répandait une faible lumière ; mais, lorsque je me trouvais avec Yolanda au-dessous même de la lampe, elle l'éclairait suffisamment pour que je pusse reconnaître indubitablement, en elle, les traits du médium. Lorsque nous eûmes regagné le cabinet, je repris ma place et Yolanda resta debout à moitié dehors, dans l'ouverture du milieu du rideau. Alors, tout en ne cessant pas de la regarder, je passai doucement mon bras droit dans l'ouverture latérale du rideau du cabinet près de moi. Je n'avais qu'à étendre un peu mon bras pour m'assurer si le médium se trouvait à sa place ; c'est ce que je fis. Le médium était assis sur un fauteuil rembourré, assez bas. J'élevai ma main directement jusqu'à la hauteur du dossier du fauteuil et je la laissai ensuite glisser contre le dossier jusqu'au siège ; le médium n'y était pas.

Mais, au moment même où ma main se trouvait déjà sur le bras du fauteuil, Yolanda rentra dans le cabinet, une main tomba sur la mienne et la repoussa. Immédiatement après le médium me demanda à boire ; je lui tendis un verre d'eau par la même fente du rideau par où j'avais passé mon bras ; le médium était à sa place dans son vêtement rouge, les manches serrées. — Yolanda un instant auparavant, était encore, en vêtement blanc, avec les bras nus jusqu'aux épaules, les pieds nus aussi et avec un voile blanc sur son corps et sa tête ; maintenant elle avait disparu. — Tout à fait comme c'était le cas pour Katie.

Cet événement me donna beaucoup à réfléchir.

Comment Yolanda, qui se trouvait *à moitié hors* du cabinet, a-t-elle pu remarquer les mouvements de mon bras *à l'intérieur* du cabinet ? Il lui était positivement impossible, par suite de l'obscurité presque complète, de voir si je laissais pendre mon bras le long de ma chaise ou si je l'introduisais derrière le rideau. Il était encore plus impossible de voir ce que mon bras faisait là, ou bien où se trouvait ma main ; néanmoins, le mouvement de la main qui repoussa la mienne était aussi délibéré que précis.

Si c'était bien le médium en personne qui, d'une façon consciente ou inconsciente, représentait Yolanda, et si le fauteuil était réellement vide, le médium ne pouvait ni voir ni sentir la perquisition de ma main ; il aurait dû continuer à jouer son rôle d'esprit, il serait resté à sa place ou rentré dans le cabinet ou bien il en serait sorti à nouveau, etc., comme si de rien n'était.

Mais il y avait eu un dérangement ; Yolanda ne se montra plus et il fallut cesser la séance.

Quand j'entendis dire, le lendemain, que quelque chose avait effrayé le médium, j'interrogeai Mme d'Espérance elle-même, sans toutefois lui rien dire de mes observations. Elle me répondit que, vers la fin de la séance, elle avait senti comme si quelque chose se remuait autour d'elle, de sa tête, ou de ses épaules ;

que cela l'avait tant effrayée qu'involontairement elle avait laissé tomber sa main, sur laquelle elle appuyait sa tête et que sa main en avait rencontré une autre, — ce qui l'avait encore bien plus épouvantée.

C'était fort étrange : — Les impressions de Mme d'Espérance étaient bien celles qu'elle *aurait dû éprouver*, si elle s'était trouvée à sa place. Et pourtant ma main n'avait pas rencontré son corps sur la chaise. Qui donc avait eu ces impressions ? N'en faut-il pas conclure qu'un simulacre de son corps était resté sur le siège, image douée de sensation et de conscience ?

Mme d'Espérance possède aussi, comme on sait, le don de l'écriture médiumnique ; ainsi, elle reçoit pendant et en dehors des séances, des communications au nom d'un certain Walter qui se déclare le directeur des phénomènes de matérialisation. Moi aussi je me servis de cette entremise pour savoir quelles explications je recevrai de ce côté. Le lendemain de la séance je priai Mme d'Espérance de prendre le crayon et la conversation suivante s'engagea entre l'esprit Walter et moi.

— « As-tu vu ce qui a effrayé le médium ? »

— « Oui ; une main se posa d'abord sur sa figure, puis sur ses genoux, puis sur sa main. Ce fut tout. »

— « La main de qui ? » (car je gardais toujours mon secret).

— « Je ne l'ai pas vu, car mon attention fut seulement dirigée sur ce fait lorsque le médium fut effrayé ».

— « Mon désir principal est de voir Yolanda et le médium en même temps. Est-ce possible ? ».

— « Tout dépend de combien il en reste (du médium) ».

— « Si je regardais tout-à-coup dans le cabinet, trouverai-je le médium éloigné de sa place ? ».

— « Très probablement. Tout dépend d'où la matière est prise pour édifier la forme de Yolanda. Si il y en a une certaine quantité dans le cercle, de manière que nous ne dépendions pas uniquement du médium, vous le verriez aussi bien qu'en ce moment ».

Quelques jours après, comme Yolanda avait été plusieurs fois hors du cabinet — (pendant que le médium avait été attaché par moi avec une bande de toile qui lui entourait la taille et dont les deux bouts passaient par une attache vissée dans le sol et étaient fixés à ma chaise), — je demandai à Walter :

— « Combien restait-il cette fois du médium, lorsque Yolanda sortit ? »

— « Je ne crois pas qu'il soit resté grand'chose du médium, les *organes de ses sens exceptés* ».

— « Si, pendant que le corps du médium a presque complètement disparu, je passais ma main doucement à sa place, cela pourrait-il nuire au médium ? »

— « Cela pourrait arriver si vous appuyiez fortement

votre main. S'il se passait quelque chose qui pût blesser la forme matérialisée, le médium en aurait immédiatement connaissance »,

— « Et si je passais ma main en travers du corps du médium ? »

— « Cela le blesserait sérieusement, si nous n'étions pas sur nos gardes pour éviter un pareil malheur. Essayer serait une dangereuse expérience ? »

— « Dans ce cas, si je tirais sur la bande de toile qui entoure la taille du médium, je couperais son corps en travers ? »

— « Oui ; mais cela n'arriverait que si sa matière avait été totalement employée ; et cela a eu lieu très rarement, quoique souvent il en soit très peu resté ».

— « D'après cela, l'invisibilité du corps du médium, lorsqu'on le regarde, n'est pas encore une preuve qu'il n'y ait pas là un corps ? »

— « Certainement non ; c'est seulement une preuve que vous n'avez pas les yeux assez perçants pour le voir. Vous ne le voyez pas, mais un voyant pourrait le voir ».

Mme d'Espérance était stupéfaite, pendant que ces réponses se produisaient *par sa propre main*. Elle ne cessait de s'écrier : — « C'est quelque chose de tout à fait nouveau ; c'est une révélation ! Et j'étais pourtant certaine d'être toujours la même ! »

— « Mais il est pourtant impossible, lui dis-je, que

vous n'ayez ressenti en vous aucun changement, tandis qu'un phénomène aussi extraordinaire que la matérialisation avait lieu ».

— « Je sentais bien un changement, répondit-elle, mais j'étais profondément persuadé d'être seule à le sentir ».

— « Pouvez-vous me décrire ce changement ? »

— « *J'avais en mon intérieur le sentiment d'être vide* (as if I was empty) répliqua-t-elle ». Réponse bien significative et concordant parfaitement avec les faits mentionnés ci-dessus et les spéculations théoriques qui en découlent. Mme d'Espérance ne soupçonnait alors pas encore que ce sentiment *de vide* pût être autre chose qu'une sensation simplement subjective.

On trouvera plus loin les détails intéressants du long interrogatoire auquel je soumis Mme d'Espérance, les notes de mon séjour à Gothenbourg, et ses impressions pendant les séances. Ces détails sont d'espèce unique, car elle aussi est un médium unique en son genre, elle qui ne tombe pas en transe et se rend compte de tout ce qui se passe en elle et autour d'elle, pendant une séance de matérialisation. Le temps était venu de les publier, maintenant que nous avons la preuve objective, visible et tangible de ses assertions qu'on ne peut plus traiter d'uniquement subjectives.

CHAPITRE II

DESCRIPTION DE LA SÉANCE DONNÉE PAR M⁻ᵉ D'ESPÉ-
RANCE, LE 11 DÉCEMBRE 1893, A HELSINGFORS EN FIN-
LANDE, OU LE PHÉNOMÈNE DE LA DÉMATÉRIALISATION
PARTIELLE DU CORPS DU MÉDIUM FUT CONSTATÉ PAR
LA VUE ET LE TOUCHER.

MADAME d'Espérance eut la bonté, après son séjour à Helsingfors, en novembre 1893, de venir passer chez moi, à S⁺-Pétersbourg, cinq jours pendant lesquels elle donna dans ma maison deux séances qui satisfirent pleinement ceux qui y prirent part (1). Lorsqu'elle retourna en Suède, elle s'arrêta encore deux jours a Helsingfors d'où je reçus cette lettre, écrite le lendemain de son arrivée :

(1) Voyez *Psychische Studien*, Livraisons de janvier 1894, et avril 1894.

Helsingfors, 12 décembre 1893.

Bien cher ami.

... « Nous eûmes encore une séance hier au soir, bien que je ne m'y sentisse pas très-disposée ; mais je préférai ne pas la remettre à aujourd'hui, craignant toutes sortes de dérangements.

« La séance eut lieu dans la maison de M. l'ingénieur Seiling et nous étions, je crois, en tout 14 personnes. Les manifestations furent d'une nature tout à fait extraordinaire ; et, comme je pensai que leur description vous intéresserait, je priai Mme Seiling et le général Toppelius de vous en faire le récit et de vous l'envoyer ; ce que ces Messieurs me promirent aussitôt. Le côté caractéristique de cette séance consiste en ce que la moitié de mon corps disparut, ce que je ne découvris que par hasard. La tête, ou plutôt la nuque, me faisait beaucoup souffrir et je la soutenais avec mes mains croisées ce qui semblait soulager un peu ma douleur. Mes bras se fatiguèrent dans cette position ; voulant les reposer sur mes genoux, je découvris que ceux-ci n'existaient plus et que mes mains au lieu d'être posées sur eux l'étaient sur la chaise. Cela m'effraya un peu et je voulus savoir si c'était vrai ou bien si je rêvais. La lumière était suffisante, et j'attirai l'attention de mon voisin sur cette particularité ; il examina la chaise, ainsi que quatre des assistants, et tous affirmèrent ce fait, que seule la partie supérieure de mon corps existait véritablement.

« Le siége était vide à l'exception de mes vêtements ; les bras, les épaules, la poitrine étaient bien à leur place au-dessus du siége. Je pouvais parler, remuer la tête et les bras, boire de l'eau, et même sentir mes genoux et mes pieds quoiqu'ils fussent absents.

« Pendant tout ce temps, des formes allaient et venaient, mais elles se montraient seulement ; des mains de différentes formes et grosseurs touchèrent les personnes les plus rapprochées du cabinet.

« Je crois bien qu'une heure a dû se passer à partir du moment où j'ai découvert mon état particulier, ce qui était suffisant pour les constatations, et surtout pour moi qui voulais savoir si jamais je rentrerais en possession de mes jambes et serais capable de rentrer chez moi, ce qui me rendait très-nerveuse.

« Ceci est le court résumé de ce qui se passa, et j'espère bien que quelqu'un d'ici vous en enverra un rapport très-circonstancié...

« Amicalement à vous, etc.....

« E. d'Espérance. »

(Traduit de l'anglais).

Connaissant l'auteur de cette lettre comme une personne absolument véridique, je n'avais aucune raison de mettre ses paroles en doute, et je compris immédiatement la grande impatience de ce fait au point de vue théorique et phénoménal. Mais, l'essentiel était de voir comment il avait été observé et constaté par les témoins ; jusqu'à quel point ce témoignage pourrait être considéré comme satisfaisant pour établir un fait aussi extraordinaire que fabuleux. On comprendra avec quelle impatiance j'ai attendu les détails et avec quelle satisfaction j'ai reçu les trois témoignages que le général Toppelius a eu la complaisance de me transmettre. Je les donne ici en premier lieu avec la correspondance qui s'en suivit :

importance [marginal note]

I. — Témoignage de mademoiselle Hjelt(1) avec description complète de la séance.

A. — *Lettre de Mlle Hjelt à M. Aksakow.*

(L'original et en suédois.)

Monsieur,

Selon le désir de Mme d'Espérance je m'empresse de vous communiquer les détails de la dernière séance qu'elle à donnée ici le 11 décembre 1893.

(1) Mme Hjelt fondatrice et directrice d'une grande maison d'éduca-

CHAPITRE II

La séance a eu lieu chez M. l'ingénieur Seiling. Les arrangements étaient à peu près les mêmes qu'aux séances précédentes avec la différence qu'il y faisait plus clair. J'observai ce qui suit :

Avant la séance : — La médium entra dans la pièce *en pleine lumière* et prit place sur une chaise assez large et rembourrée, avec dossier également en partie rembourré. La médium ôta le petit châle qu'elle avait souvent sur les épaules dans les séances précédentes, la pièce que nous occupions alors étant plus grande et plus froide. Elle proposa plus tard de l'employer pour atténuer la lumière de la chambre, ce qui fut fait. Elle ôta ses gants et les mit dans sa poche. Avant le commencement des manifestations elle ne retira rien de sa poche, pas même son mouchoir. Je fis particulièrement attention à ces faits, parce qu'après les dernières séances on s'était demandé si le châle n'était pas pour quelque chose dans les matérialisations, de même que les gants qui pouvaient passer pour des mains si on les croisait sur le châle blanc pendant que la médium, sous l'aspect d'un esprit, se promènerait dans la chambre ou le cabinet. Au léger mouvement que fit la médium en glissant ses gants dans sa poche,

---

tion pour sculpture sur bois à Helsingfors est l'auteur des brochures suivantes : « *La femme dans son champ d'activité pratique.* — « *L'autorisation d'apprendre un métier dans les écoles dites professionnelles.* — « *Méthode de sculpture sur bois pour les enfants.* »

A. A.

j'entendis comme un bruit de clefs ou de monnaie dans la dite poche. Je résolus d'avoir l'esprit en éveil et d'observer si, au courant de la séance, ce bruit se répéterait, quelqu'un du cercle venant d'insinuer que la médium pouvait bien nous avoir trompés. Il me parut impossible qu'elle put remuer sans occasionner le même bruit ; et, à part moi, je fis la réflexion que ce serait on ne peut plus étourdi de la part d'une personne résolue à tromper, que de porter dans ses poches des objets faisant du bruit. Au cours de la séance je n'entendis cependant pas le moindre bruit de ce genre.

Avant le commencement de la séance, j'observai encore que la médium croisait les mains derrière la tête, et que, avec un mouvement de lassitude elle s'étirait quelque peu, en appuyant la nuque contre ses mains. Ce mouvement, observé pendant qu'il faisait encore tout à fait clair dans la chambre, n'avait rien que de naturel et me fit conjecturer qu'elle avait dû passer une mauvaise nuit en wagon, en revenant de Saint-Pétersbourg.

Pendant la séance : — La séance commença. Dans le cercle composé de 15 personnes, j'étais la troisième du côté droit de la médium. Cette place était fort avantageuse : j'avais la médium devant moi, dans un angle de 45°, et la partie supérieure de son corps se dessinait distinctement en demi-profil sur le store blanc, descendu à l'une des fenêtres de la chambre. J'étais si près de la médium que je pouvais voir sa personne vêtue d'une toilette claire, ses mains, ses pieds posés assez en avant et croisés. Je pouvais donc, quelque peu penchée en avant, entendre et voir le moindre de ses mouvements.

Nous n'attendîmes pas longtemps. Une main et un avant-bras s'étendirent hors du cabinet, du côté opposé à celui où, moi, je me trouvais. Sur le fond blanc du store je pus parfaitement étudier tous leurs mouvements et ceux des doigts. Le poignet était fin et la main paraissait être celle d'une femme. De la main pendait un assez long pan d'étoffe d'un tissu transparent comme une gaze, au travers duquel on ne distinguait qu'imparfaitement le store de la fenêtre. L'étoffe paraissait plus foncée que celle du store. A plusieurs reprises la main se tendit et serra les mains des personnes voisines, après quoi elle se retira. Un peu plus tard parut, du même côté, une apparition lumineuse qui tendit la main aux personnes les plus rapprochées d'elle (1). Un membre de notre cercle, M. Seiling, remit à l'apparition une paire de ciseaux et lui demanda de bien vouloir lui couper un morceau de son voile. L'apparition les prit et les emporta dans le cabinet. Quelques minutes plus tard, elle revint et rendit les

(1) Voir plus loin les témoignages de M. Seiling et de Mme Tavaststjerna.

A. A.

ciseaux à M. Seiling. Celui-ci exprima son regret de n'avoir pas reçu d'étoffe et demanda la permission d'en couper un peu lui-même. On y consentit. J'entendis distinctement le bruit des ciseaux coupant l'étoffe, et, un moment plus tard, M. Seiling nous dit : « J'ai le voile »(1). — Pendant que les phénomènes se poursuivaient je distinguais clairement le médium et ses mains. Une fois, elle se pencha en avant et tourna la tête dans la direction de l'apparition, comme pour la voir aussi (2).

Un phénomène lumineux se produisit entre les draperies, au milieu du cabinet; on eut dit une figure se tenant debout derrière la chaise de la médium. Celle-ci (la médium) poussa un de ces gros soupirs comme il lui en échappait quelquefois durant les séances. Le soupir dénotait une sensation pénible. Puis elle prononça ces mots : — « Quelqu'un du cabinet m'a touché *par derrière*, je l'ai très-bien senti » (3). — Le phénomène disparut. Un Monsieur de notre cercle la pria de

---

(1) Voir plus loin le rapport de M. Seiling.

A. A.

(2) Voyez la planche n° 2. — Mme Hjelt est assise à la place du médium et tourne la tête vers l'apparition de la *main droite*. Sur le rideau on aperçoit le profil du buste et de la tête du médium. A droite est assis M. Boldt à côté de Mme Seiling. — Voir plus loin Chap. III.

A. A.

(3) Mme Hjelt me dit qu'elle vit dans l'ouverture centrale un buste derrière la médium et, une main descendre et toucher l'épaule de la médium. — Voir plus loin la lettre de Mme Hjelt.

A. A.

Planche n° 1.

Reconstitution de la séance du 11 décembre 1893.

Planche n° 2.

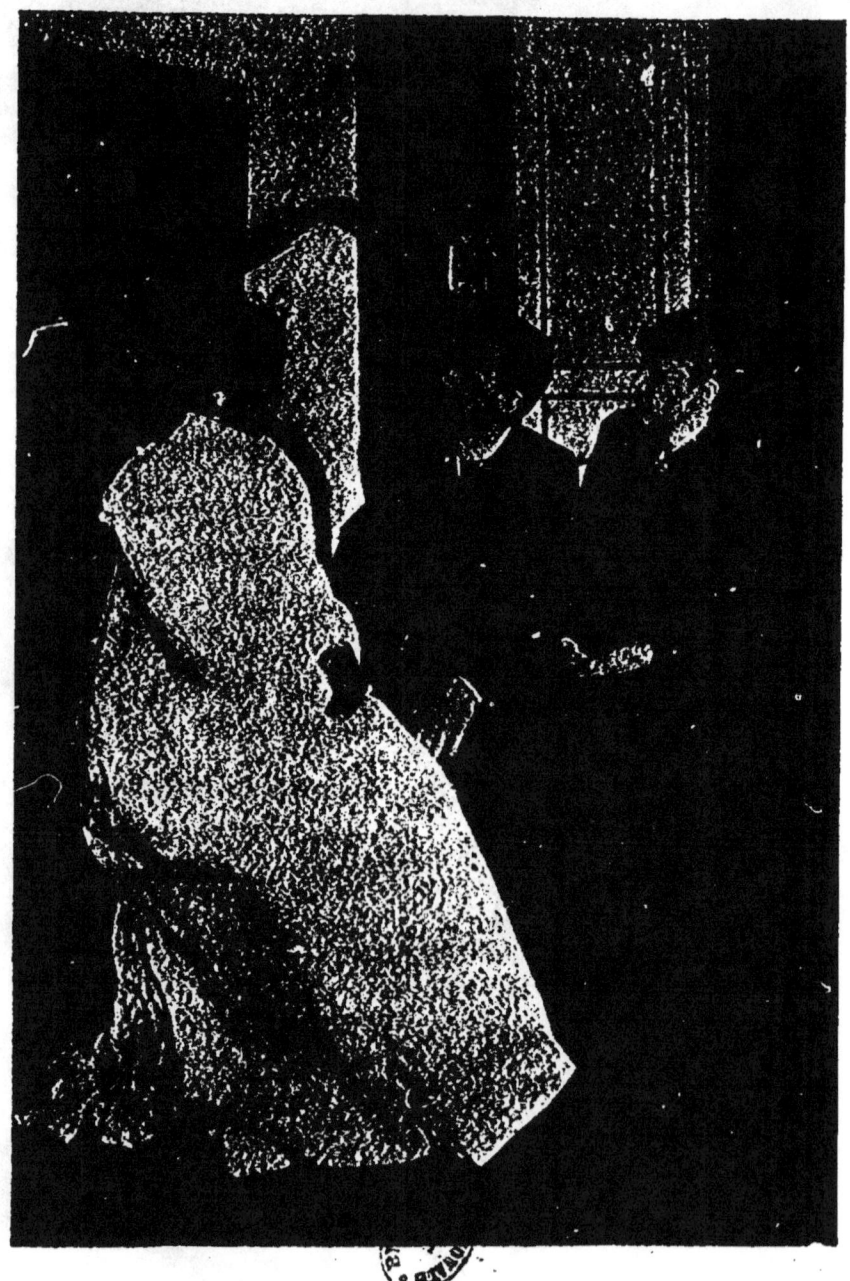

Reconstitution de la séance du 11 décembre 1893.

prendre du papier et un crayon pour le cas où les esprits voudraient nous communiquer quelque chose relativement aux arrangements à prendre, ou autre chose dans ce genre. La médium n'y parut guère disposée. — « Peut-être n'est-ce pas la peine de les déranger pour écrire, dit-elle ; attendons plutôt. » — Mais la demande fut réitérée et on lui tendit un crayon et du papier. Elle les prit en disant. — « Eh bien ! je puis les tenir et nous allons voir ce qui arrivera. »

Je distinguai à ce moment très-nettement la médium tenant le papier d'une main et croisant l'autre par dessus. De mon côté, dans la fente latérale du cabinet, une main, un avant bras et une partie du bras s'étaient montrés à plusieurs reprises et ceux qui étaient assis tout près avaient serré cette main. Moi, je me contentai de saisir un pan du long voile qui pendait et de bien le palper. Il paraissait quelque peu humide et d'un tissu très-fin. La main me parut bien plus grande que celles que j'avais vues jusque-là.

Bientôt dans la même ouverture de la draperie, de notre côté, parut une grande figure lumineuse. Elle sembla vouloir sortir du cabinet, fit un pas en avant, mais se retira aussitôt (1). Presque immédiatement

(1) A ce moment, M*me* Hjelt vit très distinctement la médium et la figure dont la tête se montra en dehors du cabinet et jeta un coup d'œil sur la médium et le papier qu'elle tenait dans ses mains.

A. A.

après, nous vîmes un bras sortant du cabinet ; de très haut, dans la même fente latérale, il s'abaissa, lentement et tout lumineux, dans la direction des mains de la médium (1). Au moment de toucher la médium il arracha des mains de cette dernière, avec un mouvement prompt comme l'éclair, le papier et le crayon et les emporta dans le cabinet. On entendit distinctement comme si on y froissait et déchirait le papier en deux ; après quoi la main sortit encore et tendit les deux morceaux de papier froissés au capitaine Toppelius qui les donna à la médium. Celle-ci (la médium) tenait le papier entre ses mains, — le crayon ne lui avait pas été rendu — lorsque le bras lumineux se baissa encore avec la même lenteur extraordinaire et arracha de nouveau brusquement le papier des mains de la médium pour l'emporter dans le cabinet. On entendit aussitôt le bruit que fait un crayon en écrivant rapidement ; et, un instant après, la main tendit le papier hors du cabinet. La personne la plus proche, M. Toppelius, le prit et allait de nouveau le remettre à la médium, lorsque la main (le bras et une partie du corps devinrent alors visibles) d'un mouvement décidé l'en empêcha en ressaisissant le papier et en le rendant à M. Toppelius d'un geste significatif, l'appuyant contre la poitrine de

(1) Voir la planche n° 1 qui est la reproduction d'une photographie prise le 3 mars 1894 par M. Aksakof dans les conditions indiquées plus loin, chap. III.

ce monsieur. Nous comprîmes donc que les paroles écrites étaient destinées à M. Toppelius. (Après la séance nous fûmes à même de les lire, les voici : « Je t'aiderai ! » « Jag skal hjälpa dig » ! C'était écrit en suédois, d'une bonne écriture lisible). Il n'y avait dans le cabinet, ni chaise, ni table sur lesquels on eut pu écrire. Tout ceci se passa très vite mais d'une façon très nette. Pendant que tous ces phénomènes avaient lieu je voyais toujours distinctement la médium à sa place. Elle nous parlait quelquefois. A M. Toppelius elle conseilla de mettre le papier dans sa poche afin de le lire plus tard, et ceci pendant que la figure était encore visible.

De tout ce qui se faisait je dus conclure que, dans le cabinet, deux mains au moins opéraient avec une force physique et de par une volonté bien déterminée. Ces mains ne pouvaient pas appartenir à la médium ; elles devaient appartenir à une figure qui était *debout*, à côté et derrière la médium qui était *assise*, dont je voyais les mains et le corps et à qui j'entendis pousser un cri d'étonnement, un Oho ! lorsque le papier lui fut arraché.

Je constatai ensuite que, dans l'attente d'un nouveau phénomène qui tardait à se produire, la médium profitant d'un moment de répit entre les manifestations joignait ses deux mains derrière la tête, comme elle l'avait fait avant la séance. Pendant qu'elle restait dans cette position, j'eus le temps de regretter qu'elle se fût surmenée à ce point, de suite après son voyage, et je souhaitai ardemment que les personnes plus éloignées d'elle n'interprêtassent pas en mal ce geste des mains derrière la nuque et son mouvement pour s'étendre.

Vus de loin on pouvait les mal interpréter (1), *de près* jamais !

Quelques instants plus tard ses mains retombèrent sur ses genoux. Je la vis alors tâter des mains ses genoux, et j'observai qu'elle s'agitait de plus en plus. Cela me parut curieux. Je me penchai plus en avant et cherchai de toutes mes forces à comprendre ce qui se passait. La médium poussa de nouveau ce gros soupir qui faisait supposer quelque sensation bien désagréable. Encore quelques secondes, et elle dit à son premier voisin de gauche, M. Seiling. — « Donnez-moi votre main. » — M. Seiling se leva et lui tendit la main. Elle dit alors. — « Touchez ici ! » — M. Seiling répondit : — « C'est extraordinaire je vois Mme d'Espérance et je l'entends parler, mais en tâtant le siège je le trouve vide ; elle n'y est pas ; il n'y a là que sa robe. » — L'attouchement semblait produire une vive douleur à la médium ; néanmoins elle engagea encore plusieurs personnes à venir toucher la chaise. Elle prit les mains de M. Top-

---

(1) Supposer, par exemple, que la médium se levait de sa place.
A. A.

pelius dans les siennes et les promena sur la partie supérieure de son corps à elle jusqu'à ce qu'il touchât subitement le fond de la chaise ; il exprima à plusieurs reprises sa stupeur et sa consternation par de vives exclamations.

La médium permit à cinq personnes de constater ce phénomène et, chaque fois, elle parut ressentir une grande souffrance. Elle demanda à boire deux fois au moins et, chaque fois, elle buvait avec une impatience fébrile ; elle était visiblement angoissée, et, en attendant l'eau, elle se tordait nerveusement.

Sur *le fond blanc du rideau de la fenêtre* je voyais *distinctement, nettement* la partie supérieure du corps de la médium, chaque fois qu'elle se penchait en avant. Plusieurs fois elle tâtonna en l'air, cherchant une main qu'elle voulait guider pour faire toucher la chaise et elle-même. Dans ces occasions, je vis non seulement le devant de son corps mais aussi son dos qui se détachait sur le rideau blanc. La forme de sa tête se dessinait si nettement que je pus même distinguer sa coiffure. Je ne puis me souvenir de combien la partie supérieure se prolongeait au-dessous de la taille ; mais ce dont je suis certaine, c'est qu'elle se voyait encore au-dessous de la taille ; ce qui me paraît être un fait important, c'est que je voyais tout le temps *la médium à mon niveau.*

Une fois elle se pencha en avant, comme on le fait

quand on est en proie à une atroce douleur. La partie supérieure de son corps prit alors l'attitude de quelqu'un qui, étant assis, croise les mains sur les genoux et se penche profondément en avant. A ce moment elle se trouvait *devant* le dossier de la chaise. Elle n'aurait pas pu se trouver derrière ; le dossier l'aurait empêchée de prendre la pose que je viens d'indiquer. Les jupes de la médium restaient étendues comme elles l'avaient été pendant la séance et s'amincissaient vers les pieds. Il me semblait qu'elles devenaient plus flasques à mesure qu'elles étaient palpées par les assistants.

Quelqu'un dans le cercle proposa de mettre fin à la séance, du moment qu'elle épuisait les forces de la médium. Mais celle-ci s'y opposa et demanda à continuer la séance jusqu'à ce que ses jambes lui fussent rendues. Nous continuâmes donc ; et moi, j'avais toujours le regard rivé sur la partie inférieure du corps de la médium afin de bien observer le retour de ses jambes (1). Sans qu'il se fût produit le moindre mouvement de sa robe, j'entendis la médium qui disait : — « Cela va déjà mieux » — puis, quelques instants plus tard elle dit vivement : — « Les voici ! » — Quant aux plis de sa robe, je les vis pour ainsi dire s'emplir, et,

(1) Pendant tout ce temps le visage de Mme Hjelt était à six pouces de distance des jambes de la médium.

A. A.

sans que je susse comment, les bouts des pieds reparurent croisés comme ils l'avaient été avant ce phénomène (1).

Pendant la production du phénomène, l'attention de tous était attachée à la médium. La conversation était ininterrompue, tantôt avec Mme d'Espérance, tantôt entre les membres du cercle ; on s'agitait, on changeait de place, on marchait par la chambre etc...

Après la cessation de ce phénomène, le cabinet bougea de sa place. Alors la médium poussa sa chaise en avant, craignant que le cabinet ne tombât sur elle. Pendant que la médium était ainsi assise loin du cabinet et que je voyais distinctement ses mains et ses pieds, le cabinet bougea de nouveau plusieurs fois de sa place.

A un moment donné, et afin de m'assurer que j'avais l'esprit lucide en faisant toutes les observations que je viens de relater, j'entrepris de détacher ma pensée de ce qui se passait autour de moi et de la fixer sur quelque chose d'indifférent et ne se rapportant pas à la séance. Je voulus voir si ma pensée obéirait à ma volonté. J'y réussis parfaitement. En vertu de ce fait, j'ose donc affirmer que les phénomènes énumérés — si peu naturels qu'ils aient paru à ma raison — se sont effectivement produits, et que la médium n'a fait

(1) Mme Hjelt n'avait pas remarqué le moment de leur disparition.
A. A.

aucun mouvement pour contribuer à l'apparition ou à la disparition des dits phénomènes.

Après la séance : J'eus l'occasion de voir le morceau d'étoffe qui avait été coupé ; c'était un tissu fin comme de la gaze et rappelant la toile d'araignée, mais plus serré et plus fort. Il ne paraissait pas lumineux dans l'obscurité.

J'entrai en conversation avec la médium qui m'apprit que ce qui venait de se passer était un phénomène inconnu pour elle-même. Il paraît que jusque là elle n'avait guère pu *elle-même* observer et contrôler ses dématérialisations. Elle avait donc été excessivement suprise lorsque, posant ses mains sur ses genoux, elle avait trouvé la chaise vide. Voulant faire constater ce fait par d'autres, elle avait prié M. Seiling de venir toucher la chaise. Elle dit avoir eu la sensation très précise d'avoir les extrémités d'en bas toujours à leur place, mais que ses mains ne pouvaient les sentir.

Reste à ajouter que ce ne fut pas la médium qui communiqua ce phénomène à l'assistance, mais M. Seiling, quand il retourna à sa place.

Agréez etc...

Vera Hjelt

Helsingfors, 15 décembre 1893.

B. — *Lettre de M. Aksakow à Mlle Hjelt.*
(l'original est en français).

St-Pétersbourg, 3/11 janvier 1894.
Perspective Nevsky 6.

Mademoiselle,

C'est avec un sentiment de profonde satisfaction que j'ai lu la relation de la séance du 11 décembre 1893 avec Mme d'Espérance, que vous avez eu la bonté de me transmettre par l'entremise du général Toppelius.

C'est un bon monument que vous avez élevé en l'honneur de Mme d'Espérance attaquée par le général Sederholm. J'ai été émerveillé de l'exactitude et de la finesse de vos observations ! Chose rare en spiritisme, même parmi les hommes; et quand je pense que vous n'avez pas l'habitude de ces expériences, je m'étonne encore davantage.

Veuillez donc agréer ma profonde reconnaissance et si j'ai tardé jusqu'à présent à vous l'exprimer c'est que je n'avais point votre adresse que je viens seulement de connaître.

Un seul détail essentiel manque dans votre relation : c'est la quantité de lumière dans la chambre ? Vous dites seulement qu'il y faisait plus clair qu'aux séances précédentes, et que vous distinguiez clairement la médium et ses mains. C'est beaucoup, c'est bien important, mais à quel point, avec quels détails, etc..., par exemple, pouviez-vous voir les doigts, le visage, la coiffure de la médium. La quantité de lumière n'a-t-elle pas *varié* durant la séance ?

Je passe à présent à quelques détails.

Vous dites : « *Bientôt dans l'ouverture de la draperie parut une grande figure lumineuse* »... et de suite après : « *alors parut un bras sortant du cabinet de très-haut.* » Dois-je comprendre que l'apparition (de la figure) et le bras parurent *dans l'ouverture centrale du cabinet au-dessus de la médium*; ceci est un point de grande importance qu'il est essentiel de préciser.

Quelles ont été les 5 *personnes* qui ont examiné la chaise lors de la disparition des jambes ? Combien de fois Mme d'Espérance a t-elle demandé à boire dans cet état et qui lui a donné l'eau ?

Voici encore un autre point essentiel vous dites : « Les jupes de la médium *restaient* étendues comme elles l'avaient été pendant toute la séance, et s'amincissaient vers les pieds. » Que veut dire : « s'amincissaient ? » Plus loin vous dites : « Quant aux plis de la robe, je les vis, pour ainsi dire *s'emplir.* » Donc, les jupes ne restaient pas étendues comme elles avaient été durant toute la séance comme vous venez de le dire plus haut? Il y a là contradiction ou manque de quelques détails.

Et enfin, vous dites : « Et, sans que je sache comment, *les pieds reparurent*, croisés comme ils l'étaient au commencement de la séance. » Vous parlez, certainement, *du bout des pieds, des bottines* ou *souliers*. — Mais, ne peut-on pas supposer que la médium les avait tout simplement retirés un moment sous ses jupes et sortis plus tard? Pourquoi cet incident vous avait-il paru incompréhensible?

Voilà tout, je crois, pour le moment.

Je me permets donc de compter sur votre obligeance et espère que vous voudrez bien me renseigner sur les points auxquels j'ai touché.

Veuillez agréer encore une fois ma profonde reconnaissance et l'expression de ma profonde considération.

A. Aksakow.

C. — *Réponse de M*^{lle} *Wera Hjelt à M. Aksakow.*
(L'original est en suédois).

Helsingfors, le 28 janvier 1894.

Monsieur le conseiller d'État,

Recevez, je vous prie, mes remerciement les plus sincères pour votre lettre. J'ai été heureuse d'apprendre que mon compte rendu de la séance du 11 décembre vous a satisfait.

Je passe directement aux renseignements que vous désirez.

Vous me priez de définir, d'une manière plus précise, l'éclairage de la chambre. A ce propos, je tiens à vous dire qu'il m'a été possible de voir distinctement toute la figure de la médium, ainsi que le contour de ses mains se dessinant contre sa robe claire. Quant aux traits de son visage et à sa coiffure, il m'a été difficile de les apercevoir continuellement, la médium étant assise contre le cabinet dont la draperie était très foncée. Cependant, chaque fois qu'elle changeait de position, son buste faisait un petit mouvement en avant et ses parties se dessinaient très distinctement contre le store blanc déjà mentionné. Chaque fois qu'elle allongeait le bras, j'ai pu voir se dessiner contre ce même store, non seulement le mouvement de ses doigts mais aussi ces doigts eux-mêmes, serrant la feuille de papier qu'elle tenait en main.

Je viens d'apprendre avec joie, que vous vous proposez, Monsieur, de venir à Helsingfors. J'ose espérer que votre arrivée sera d'une grande importance. Il vous sera certainement facile, à vous, Monsieur, de débrouiller tout le désordre d'idées que ce phénomène de la dématérialisation surtout a fait naître dans les esprits.

Si vous le désiriez, Monsieur, je serais toute disposée à jouer un moment devant vous le rôle de la médium, c'est-à-dire que *je m'offre à revêtir une robe de la même nuance que celle portée par Mme d'Espérance et à contrefaire, à la même lumière, tous ses faits et gestes*, tels que je les ai observés à ladite séance.

J'espère qu'il vous sera alors facile de constater combien les insinuations du général Sederholm doivent paraître injustes.

La place que j'occupais pendant la séance était telle que je me juge capable d'exécuter les détails sus-mentionnés ; de même, je puis prouver que ma vue et celle de mon amie sont d'une finesse excessive. Je puis affirmer qu'il eût été impossible à la médium de tromper sans que je l'eusse remarqué.

Vous me demandez quelques détails sur les points suivants :

« Bientôt, dans l'ouverture de la draperie parut une grande figure lumineuse, etc »...

Une fois, je vis *un buste dans l'ouverture centrale* du cabinet. La figure faisait l'effet de se tenir *debout* derrière la chaise de la médium. Elle effleura son épaule de sa main lumineuse (1) ; a ce contact, Mme d'Espérance fut saisie d'un frisson.

(1) Répondant à une de mes questions, Mlle Hjelt ajouta plus tard qu'elle vit distinctement comment les doigts descendirent d'en haut et touchèrent l'épaule de la médium.

A. A.

Mais l'autre figure lumineuse, celle sur laquelle vous désirez une description plus précise, parut à l'ouverture droite de la draperie. Ses mouvements étaient assez étranges : debout, elle semblait fixer de côté la feuille de papier, que la médium tenait en main, puis elle se retira et laissa retomber devant elle la draperie; enfin, et soudain, elle allongea le bras et s'empara du papier.

Je pourrais imiter toute la scène d'une manière si précise qu'infailliblement j'en évoquerais le souvenir dans l'esprit des autres témoins. Le sceptique devrait bien comprendre qu'il eut été impossible à la médium d'user d'artifice, assise comme elle l'était pendant tout le temps, et *causant* avec nous.

Les cinq personnes qui tâtèrent la chaise pendant la disparition des jambes de la médium étaient : M. l'ingénieur *Seiling*, le capitaine *Toppelius*, le docteur *Hertzberg*, l'ingénieur *Schoultz* et M. *Boldt*.

Mme d'Espérance demanda au moins deux fois à boire, pendant la durée du phénomène. L'eau lui fut offerte par MM. Seiling et Hertzberg.

L'expression « les jupes de Mme d'Espérance s'amincissaient vers les pieds » vous semble obscure. Je voulais dire par là, que la jupe, enveloppant pour ainsi dire les chevilles, paraissait nécessairement plus étroite en bas qu'au haut du corps.

« Quant aux plis de la robe, je les vis pour ainsi dire s'emplir etc... »

Il va de soi qu'ils ne pouvaient être également lisses durant toute la séance, et cela parce que, lors de la constatation du phénomène, les mains qui palpèrent le siège durent nécessairement les aplatir fortement ; mais ensuite, lors de la cessation du dit phénomène, les jupes se gonflèrent à nouveau.

« Sans que je sache comment, les pieds reparurent. »

Je veux dire la pointe des souliers.

Vous me demandez : « Ne pouvait-on pas supposer que la médium les avait tout simplement retirés sous ses jupes ? » Très bien ; mais alors *un mouvement* de ses jambes eut été nécessaire ; et je l'eusse de suite remarqué, car je fixais sans interruption la place où les jambes devaient revenir, dans le but de voir *comment* cela se ferait, si ce serait par un mouvement de côté ou non.

C'est aussi ce que je pourrai vous montrer quand vous viendrez, afin que vous puissiez juger par vous-même pourquoi ce procédé m'a semblé incompréhensible. Un peu plus tôt, c'est-à-dire quelques minutes avant que notre attention fut attirée vers « la dématérialisation », la médium s'était étiré, en allongeant ses pieds, et alors il eut été naturellement impossible de les retirer sans faire un mouvement avec les jambes.

Moi, du moins, je ne puis pas parvenir à exécuter ce mouvement, malgré des essais réitérés.

J'ai tâché de répondre de mon mieux à vos questions. Si quelque chose encore vous paraît obscur, je serai très heureuse de vous éclairer, pour peu que vous le désiriez.

En attendant, veuillez agréer, Monsieur, l'expression de mon profond respect et de ma considération distinguée.

WERA HJELT.

D. — *Réponse complémentaire de Mlle Hjelt.*

(L'original est en suédois.)

Helsingfors, 25 mars 1894.

Monsieur le Conseiller d'État,

J'ai l'avantage de vous communiquer ce qui suit au sujet des questions que vous avez eu la bonté de me poser par l'entremise de M. Seiling.

1) Concernant ma situation antérieure à l'égard du spiritisme. — Je connais ce mouvement depuis l'année 1880, mais, sans toutefois l'avoir compris autrement (sauf depuis deux ans) qu'en croyant qu'il s'agissait simplement d'affaire de revenants. Mais, pendant

ces deux dernières années, j'ai lu avec un vif intérêt des livres tant en faveur que contre le spiritisme, et j'ai pris part à des séances dans des cercles de familles d'ici et à celles de la « Société pour les Recherches psychiques », à Stockholm.

J'étais donc parfaitement familiarisée avec les théories du spiritisme, du moins avec les plus importantes. Quant à la partie physique de la chose, je croyais à la possibilité des phénomènes, mais je n'en étais pas persuadée. Mais, j'acquis cette certitude à la suite des séances tenues avec Mme d'Espérance, ayant eu plusieurs fois l'occasion de constater l'authenticité des phénomènes. La dernière de ces séances fut, pour moi, particulièrement convaincante. Ce que je vis et éprouvai de ma place n'est pas une croyance pour moi ; c'est un fait. En même temps, je continue à faire mes observations sur les faits du spiritisme avec le plus grand intérêt, sans rien perdre de la faculté, qui me caractérise spécialement, de juger des choses avec une saine critique.

Je me suis permis d'émettre ce jugement sur moi-même parce que la manière dont une personne a la tendance et l'habitude de considérer les choses exerce une certaine influence sur son jugement et sur son don d'observation. Et comme vous êtes assez bon pour accorder de la valeur à mes observations pendant la séance, je désire que vous ne puissiez pas croire que je suis assez « sanguinisch » pour m'être laissé tromper ou entraîner.

2) J'ai assisté à six séances, de Mme d'Espérance, à Helsingfors.

3) Dans la dernière séance, la distance entre la médium et moi était d'environ trois pieds ; mais en me penchant en avant, ce que j'ai fait presque tout le temps pour mieux pouvoir observer, la distance n'était plus guère que d'un demi-pied.

4) J'avais conscience de l'importance qu'il y a à faire les observations exactement, et à voir la médium et la figure en même temps et séparés l'un de l'autre, parce que je m'étais vraiment disputé auparavant avec des personnes qui mettaient l'honnêteté de la médium en doute. Je me souviens spécialement d'une conversation pendant le séjour de Mme d'Espérance à Saint-Pétersbourg où, journellement on parlait de son honnêteté et de la possibilité des phénomènes ; si bien que je fis le serment, au cas où une nouvelle séance aurait lieu, de me procurer une bonne place près de la médium et de scruter la chose assez à fond pour pouvoir jurer de l'exactitude de mes observations. Les deux personnes avec lesquelles je pris cet engagement, promirent de s'en rapporter à mon jugement. Nous résolûmes formellement que j'examinerais la chose. Je n'ai pas demandé aux personnes en question l'autorisation de les nommer dans cette lettre, mais

je ne doute pas qu'elles ne le désirent. C'étaient le Dr Hertzberg et sa femme. Je leur promis de ne pas me laisser effrayer par les fantômes, parce que, interloqué, on oublie de faire attention au médium. C'est pourquoi, dans la dernière séance, la médium fut pour moi le principal objet d'observation, alors même je ne pouvais m'empêcher d'observer en même temps d'autres choses.

5) Pendant la dématérialisation de la médium, je ne fus naturellement pas en état de faire attention à la façon dont elle se produisit. Mais la médium ne fit aucune sorte de mouvement avec ses pieds ni de côté, ni en arrière. J'aurais été forcée de le remarquer car je n'en étais distante que de quelques pouces et je n'ai pas cessé de regarder fixement ses pieds.

Lorsque ces M^{rs} examinèrent la chaise et constatèrent la dématérialisation, je résolus de prendre bien garde comment et d'où reviendraient les pieds.

Il faut remarquer que je m'attendais à ce que cela se produirait par le cabinet, de l'un des deux côtés de la chaise sur laquelle était assie la médium. Je ne sais pourquoi j'admettais que les pieds reviendraient d'une façon violente quelconque, peut-être par un mouvement de la médium. Je m'attendais à cela et je considérais la médium d'extraordinairement près et très exactement, pour juger du processus. Mais je ne remarquai aucun mouvement de la partie inférieure du corps et tout se passa comme je l'ai raconté précédemment.

6) Le vêtement de la médium est serré au corps ; c'est une robe princesse avec un large pli Watteau derrière et un plus petit par devant, comme vous l'avez vu ; les plis sont fixés à un vêtement de dessous ajusté, en shirting. Des vêtements de ce genre sont portés quelquefois par des dames à des solennités. La couturière qui a fait ma robe prétend que ces plis ne pourraient pas tomber naturellement si on faisait un vêtement de ce genre d'une autre manière ; du reste, elle ne saurait se figurer une autre façon. Une robe de ce genre, ainsi faite, est très difficile à mettre. Ce n'est pas seulement sur mes observations que repose la preuve de l'exactitude de ma description de cette robe faite ici, mais encore sur plusieurs conversations que j'ai eues là-dessus avec les dames Toppelius chez lesquelles Mme d'Espérance logeait.

A la suite du soupçon émis par le général Sederholm (dont il fit mention verbalement avant son article de journal) on avait examiné la robe et trouvé qu'elle ne différait en rien de la façon dont elle devait être faite, la chose considérée au point de vue féminin. En d'autres termes : les vêtements de Mme d'Espérance n'avaient rien qui pût éveiller le soupçon ; ils étaient tout à fait corrects.

Si je pouvais, Monsieur le conseiller d'État, vous être utile en vous donnant de plus amples explications, je considérerais toujours comme une amabilité de votre part de me poser des questions et j'aurai grand plaisir à vous communiquer tout ce que je puis.

Bien à vous

Wera Hjelt.

II. — Témoignage de M. le capitaine d'État-major Toppelius.

(L'original est en russe).

..... Après que plusieurs personnes se furent approchées de Mme d'Espérance pour examiner la chaise il me le fut permis à moi-même.

Mme d'Espérance prit mes mains et les fit passer sur son corps depuis les épaules et le long des deux côtés en descendant ; tout à coup, au lieu de sentir la continuation de son corps, je rencontrai un vide. Ensuite Mme d'Espérance conduisit mes mains sur le siège de la chaise jusqu'au dossier et je ne sentis rien autre que sa robe.

L'espace entre le corps de la médium et le siège de la chaise était assez petit.

Je me souviens que pendant tout ce temps, la médium se trouvait dans une grande agitation. Je ne me suis pas décidé à faire une investigation plus détaillée et suis retourné à ma place.

GUSTAVE TOPPELIUS.
capitaine d'État-major

Helsingfors, 3/15 décembre 1893.

III. — Témoignage de M. le professeur Seiling (1).
(L'original est en allemand).

A. — *Lettre de M. Seiling à M. Aksakow.*

Monsieur,

Si, bien qu'inconnu de vous, je me permets de vous envoyer l'explication suivante, c'est que Mme d'Espérance, votre amie, en a exprimé le désir, estimant que son contenu pourrait être d'un grand intérêt pour vous.

Dans la séance spirite qui eut lieu, le 11 décembre

---
(1) Professeur de technologie mécanique, de l'enseignement général des machines et de cinématique, à l'école Polytechnique de Helsingfors.
A. A.

courant, dans ma maison avec Mme d'Espérance, il se passa entre autres le phénomène suivant :

Vers la fin de la séance qui avait duré environ deux heures et demie, Mme d'Espérance à la gauche de laquelle j'étais assis, donc tout près du cabinet, me pria de tâter le siège de sa chaise mais en me laissant guider la main. *Elle conduisit alors ma main par dessus tout le siège*, et, à mon grand étonnement, sans que j'aie rien perçu de la partie inférieure de son corps, tandis que je pouvais voir et sentir la robe, étendue sur la chaise. Retourné à ma place, je vis Mme d'Espérance, durant un bon quart d'heure, en apparence comme si elle était assise sur la chaise, avec, toutefois, la partie inférieure de son corps manquante, de manière que la robe pendait à angle droit sur le bord du devant de la chaise.

Afin de permettre à un autre assistant d'examiner mieux ce phénomène, j'échangeai ma place avec celle de cette personne qui était située plus vers le milieu du cercle ; aussi je ne pus observer le retour du corps avec autant de netteté, que les personnes assises de côté, parmi lesquelles se trouvait ma femme qui assure avoir vu distinctement la partie du corps revenir graduellement à son état normal.

Il me paraît même digne d'être mentionné que Mme d'Espérance a, *dans cet état*, bu deux fois de l'eau. L'éclairage était suffisant pour que la médium pût être à peu près aperçue des quinze places du demi-cercle.

Comme je demandais plus tard à Mme d'Espérance la raison pour laquelle j'avais dû laisser conduire ma main par la sienne, elle m'expliqua que la seule idée d'un mouvement de la chaise lui donnait des sueurs d'angoisse et que, dans ce cas, elle aurait certainement éprouvé une très grande souffrance.

Mon rapport sur toutes les séances en général qui ont eu lieu à Helsingfors sera publié fort probablement dans « Die Übersinnliche Welt (1) ».

Veuiller agréer, etc...

MAX SEILING.

Helsingfors, le 4/16 1893.

B. — *Lettre de M. Aksakow à M. Seiling.*

Saint-Pétersbourg, le 10/22 décembre 1893.

Cher Monsieur,

Je vous suis très reconnaissant de votre lettre. Le fait est que les impressions subjectives de Mme d'Espé-

(1) Il a paru depuis dans les fascicules de janvier et février 1894.

rance peuvent bien ne pas coïncider avec la réalité existante pour nous. Voilà pourquoi j'ai attendu avec impatience la confirmation par d'autres témoins du phénomène remarquable de la disparition d'une partie de son corps à une séance, phénomène ayant la plus *grande signification* pour la compréhension du phénomène de matérialisation ; il est donc de la plus grande importance de l'établir avec toute la plénitude possible des détails. Dans la conviction que vous partagez complètement ce point de vue, je me permets de m'adresser à vous avec la prière de vouloir bien me donner des réponses aux questions suivantes :

1) Sur quelle chaise était assise Mme d'Espérance ? Ne pourriez-vous m'en donner le dessin ?

2) Ne pourriez-vous pas aussi me donner un croquis en profil de la figure de la médium à ce moment là, ainsi que de la position de sa robe sur la chaise ?

3) Quand Mme d'Espérance vous a appelé pour vous demander votre main, vous a-t-elle *auparavant* parlé de la disparition de ses genoux, ou bien vous a-t-elle fait directement palper la chaise sans rien dire ? (ceci en cas de l'explication possible par une hallucination suggérée).

4) Quand vous passiez la main sur la chaise, avez-vous vu distinctement la partie supérieure de son corps *sur* la chaise, ses mains, sa tête, et avez-vous parlé avec elle ?

5) Vous écrivez : « Elle conduisit ma main sur *tout* le siège ». C'est un détail fort important, car on pourrait dire que Mme d'Espérance avait placé ses jambes si habilement que sa jupe pouvait tomber à plat sur une partie de la chaise, et pendre verticalement. C'est pourquoi toute la question se résume par ceci : Avez-vous tâté toute la *chaise, jusqu'à son dossier*, et avez-vous pénétré avec votre main jusqu'en dessous de la partie supérieure du corps de Mme d'Espérance ?

6) Quel est le Monsieur auquel vous avez cédé votre place pour qu'il observe à son tour ? N'aura-t-il pas la bonté de me donner son témoignage là-dessus ?

7) Je prie bien aussi Mme Seiling de me communiquer ses observations aussi exactement que possible sur la disparition et la réapparition du corps de la médium.

8) Quelles sont les personnes qui ont donné deux fois de l'eau à la médium, et peuvent-elles témoigner de l'absence de son corps ? Car vous dites : « *en cet état elle a bu deux fois de l'eau.* »

9) Et enfin, en vue de l'objection que Mme d'Espérance se soit glissée adroitement *derrière une chaise*, en la recouvrant avec les plis de sa robe, je dois vous demander :

a) La lumière était-elle suffisante pendant toute la séance pour voir la médium à sa place, ou bien y a-t-il eu des moments où, la lumière étant plus atténuée, Mme d'Espérance a *pu se lever de sa place* et entrer dans le cabinet sans être remarquée ?

b) Y avait-il un espace libre entre la chaise et le rideau du cabinet ?

c) Quelqu'un a-t-il touché la partie supérieure du corps de la médium, avec la chaise, tandis que ses jambes et ses pieds étaient absents ?

Je vous prie de m'excuser de cet interrogatoire importun ; mais j'ai dû me le permettre dans l'intérêt de la cause qui m'est chère et de l'honneur personnel de Mme d'Espérance.

Veuillez agréer, etc...

A. AKSAKOW.

C. — *Réponse de M. Seiling à M. Aksakow.*
(L'original est en allemand).

Helsingfors, 7 janvier 1894.

M. le conseiller d'État,

Très persuadé de l'importance des raisons qui motivent l'interrogatoire circonstancié auquel vous me soumettez, je veux répondre de mon mieux aux questions de votre lettre du 10/22 décembre 1893.

§ 1 et 2. — J'ai essayé d'y répondre par les esquisses ci-jointes. J'ai attaché une *importance capitale aux questions de mesure*. Comme on le voit, la partie inférieure du dossier de la chaise est interrompue. La partie supérieure du corps de Mme d'Espérance n'avait pas toujours la position droite, telle qu'elle est dessinée, mais elle était, de temps à autre, penchée en avant, notamment pendant l'examen du dossier de la chaise par les assistants. Ici, déjà, je tiens à observer qu'il était *impossible* que la partie supérieure du corps, telle qu'elle est dessinée et a été observée par moi avec exactitude (aussi bien de côté que plus tard par devant), ait pu avoir la position *normale* d'une personne assise, *si* la partie inférieure du corps avait été debout, derrière ou à côté de la chaise.

§ 3. — Je ne soupçonnais rien lorsque Mme d'Espérance m'appela auprès d'elle et dit : — « M. Seiling donnez-moi votre main et tâtez la chaise ». — Ce n'est qu'après avoir fait cela que je compris de quoi il s'agissait.

§ 4. — Je dis involontairement : — « Mme d'Espérance n'est pas assise sur la chaise, mais sa robe seulement est posée dessus », — justement parce que je ne sentais rien de son corps sur la chaise. Il n'est pas besoin, je crois, d'affirmer que, cependant, je pouvais voir, distinctement, *toute la partie* supérieure de son corps *au-dessus* du siège ; ce que chacun a pu également voir très suffisamment, du moins les personnes les plus voisines. J'ai aussi parlé avec Mme d'Espérance.

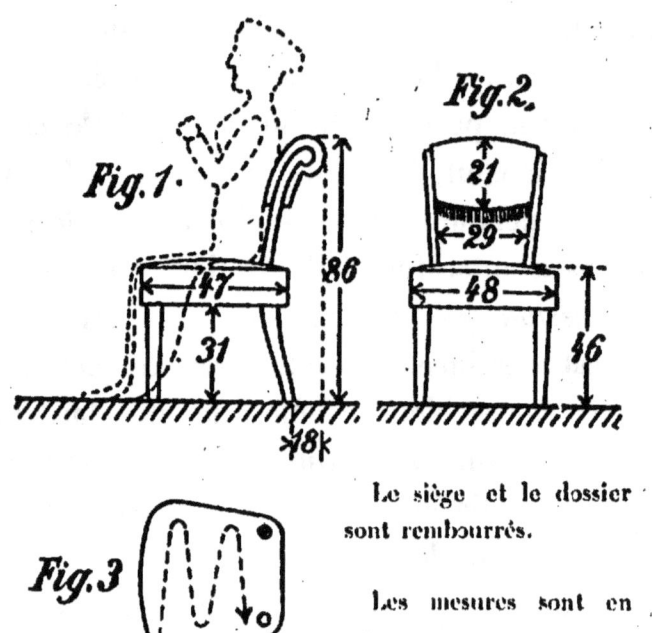

Le siège et le dossier sont rembourrés.

Les mesures sont en c,m.

§ 5. — La figure 3 montre jusqu'à quel point j'étais en droit de dire que ma main a tâté le siège *tout entier* ; la ligne en zig-zag correspond au chemin qu'a fait ma main qui se serait trouvée, par suite de cette opération, manifestement sous le corps de Mme d'Espérance. Le fait d'avoir retiré ses jambes en haut doit être *absolument* écarté.

Une chose m'a frappé après coup, lorsque j'ai eu le temps de peser toutes les circonstances ; c'est qu'en tâtant le siège, il me sembla sentir la robe seulement, qui était d'une fine étoffe de laine, sans *aucun vêtement de dessous*; au reste, j'ai pu me tromper, ou bien les vêtements de dessous étaient dématérialisés en même temps que son corps.

§ 6. — La personne était le docteur Hertzberg. J'ai déjà tâché de le voir pour lui soumettre votre demande, mais sans le trouver jusqu'à présent ; de toute manière, il la connaîtra.

§ 7. — Une explication de ma femme est ci-jointe

§ 8. — L'eau fut remise à Mme d'Espérance, *une fois par moi, une autre fois par le docteur Hertzberg*. Lorsque je m'approchai de Mme d'Espérance avec le verre d'eau, j'eus, pour la seconde fois, le même spectacle que quand j'examinai la chaise pour la première fois.

§ 9. — Le général Sederholm s'est imaginé cette explication ; je dis imaginé parce que dans cette séance il était placé trop loin, et qu'il a, de plus, trop mauvaise vue pour avoir pu faire une observation exacte. Mlle Hjelt a suffisamment expliqué dans son rapport pourquoi il a crû voir Mme d'Espérance se soulever un peu.

a) La lumière, une fois réglée, a été *toujours* la même. Que, malgré tout, Mme d'Espérance ait pu faire un mouvement, c'est toujours une possibilité, parce que personne n'était préparé à l'arrivée du phénomène. Par contre, si elle avait été debout derrière la chaise, il lui eût été *impossible* de revenir y prendre sa place sans être remarquée

b). La chaise était si serrée contre les rideaux du cabinet qu'il n'y avait là aucun espace libre ; cependant, je pouvais distinctement voir qu'il n'y avait aucune connexion entre la chaise et le cabinet. Les principales raisons contre cette objection sont la position naturelle de la partie supérieure du corps quand il est assis, et l'impossibilité de revenir à sa place, démontrée en *a*.

c) Le capitaine Toppelius a, autant que je puis le savoir, palpé la partie supérieure du corps. Le docteur Hertzberg et moi, nous ne l'avons point fait.

Avec l'assurance de ma considération distinguée, etc., etc...

MAX SEILING.

D. — *Rapport complémentaire de M. Seiling.*
(L'original est en allemand).

Helsingfors, 15 janvier 1894.

Monsieur le Conseiller d'État,

J'espère avoir répondu quelque peu à vos désirs (1) par le rapport complémentaire de la séance du 11-12

(1) Je lui avais écrit pour le prier de me donner plus de détails sur la

décembre 1893 qui suit. Vous y trouverez le dessin désiré, la description de la chambre, de l'éclairage et du cabinet, de même que l'indication des assistants et leurs places.

EXPLICATION DU DESSIN

L'appartement, dans lequel eut lieu la séance du 11 décembre, se trouve situé au deuxième étage. L'entrée de la salle à manger, transformée en salle de séance, se fait par le salon. Les deux battants de la porte du salon étaient ouverts pendant la séance, mais la porte de la cuisine était fermée à clef. Il ne pouvait venir du salon qu'une faible lumière, car il n'était pas éclairé, et les deux fenêtres étaient à peu près closes par d'épais rideaux. Devant les fenêtres de la salle à manger se trouvent des petits rideaux de vitrage en tulle blanc, ainsi que des stores blancs remontés. Ceux-ci n'étaient baissés que devant la fenêtre de droite la plus rapprochée du salon. La lumière principale venait de la rue, par la fenêtre de gauche. Il y avait de plus une petite lampe à huile allumée, et placée dans la niche du poêle; les portes de la niche étaient disposées comme sur le dessin; la fente de devant était couverte de papier rouge et celle au-

séance, le plan de la chambre, l'éclairage, les places des assistants, etc...

A. A.

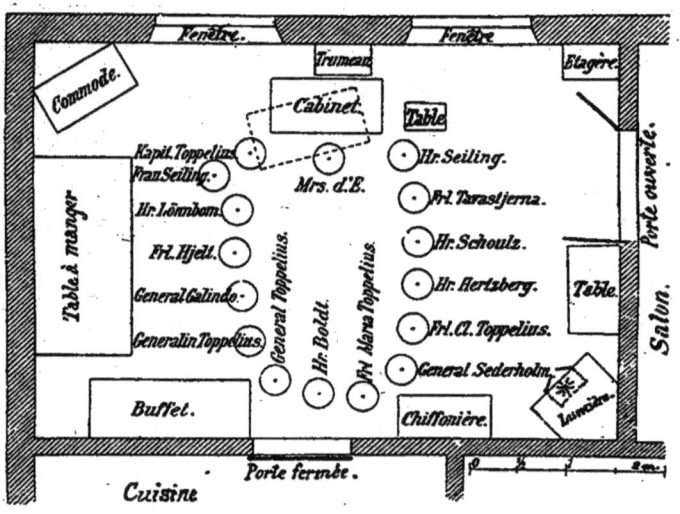

dessus, avec le châle de Mme d'Espérance. Je pouvais distinctement voir la forme de la tête et les mains de la médium ; par contre, très peu la coiffure parce que, *de ma* place, l'arrière-fond était obscur.

Il arrive tant de lumière de la rue que, lorsque les deux stores sont relevés, et qu'il ne brûle *aucune* lumière dans la chambre, on peut très bien se reconnaître à deux mètres de distance.

Le cabinet n'était pas posé contre le mur, parce que la glace qui s'y trouve est pourvue d'une console. Il n'était pas non plus posé au milieu entre les deux fenêtres, mais en face des trois personnes occupant le milieu du cercle, et dont la position a déjà été donnée. La largeur, la profondeur et la hauteur du cabinet étaient de 120, de 60 et de 180 cent. ; il était vide.

Sur la petite table, à côté de moi, se trouvait une carafe d'eau, une bougie (non allumée), du papier et des crayons.

Le capitaine Toppelius occupait, pendant la première demi-heure, la place de son père. Celui-ci peut donc aussi renseigner sur les mains qui étaient tendues du cabinet.

Les dimensions totales de la chambre et des meubles sont dessinées dans leur proportion exacte, et à l'échelle indiquée.

CHAPITRE II

RAPPORT

La séance commença à sept heures trois quarts et finit environ à huit heures un quart.

Une lampe allumée était sur la table, près du poêle; elle fut éteinte après que toutes les personnes, y compris la médium, eurent pris leurs places. — La médium portait une robe façon princesse, en laine très claire et garnie de dentelles dans le haut. — Pendant le premier quart d'heure environ, l'éclairage fut réglé, le store de la fenêtre de droite fut descendu et les portes de la niche du poêle arrangées et couvertes, comme il est indiqué sur le dessin. — Les deux tiers du temps que dura la séance furent occupés à chanter des airs populaires.

Dix minutes environ après le réglage final de la lumière, le premier phénomène se présenta : *Une main dans la fente du rideau, à droite de l'extrémité du cabinet ; donc à gauche de la médium.* Cette main allait et venait, disparaissait pour revenir se tendre à nouveau. Elle fut *prise par moi et par mes deux plus proches voisins*; elle était de grandeur moyenne, nue, chaude et c'était *une main droite*; il était donc *impossible* que ce fut celle de la médium, car on pouvait *voir celle-ci assise* et immobile sur sa chaise. Après quelque temps je saisis pour la seconde fois une main qui me parut être plus grande que la première; du moins elle était plus chaude et serrait la mienne avec plus de cordialité.

Plus tard il se montra dans la même fente de rideau une *forme entière et lumineuse* dont la figure ne pouvait cependant être reconnue. Il me fut permis de couper un morceau du voile de cet esprit. Cette circonstance vous a *été exactement décrite par M*^{lle} *Hjelt*. Ce tissu est un crêpe blanc d'une extrême finesse et de pure soie, ce que j'ai établi par un examen microscopique et chimique. J'en joins ici un petit échantillon.

Déjà avant, mais surtout après cet épisode du voile, des mains se montrèrent souvent à l'autre extrémité du cabinet, serrant celles des personnes les plus rapprochées; à plusieurs reprises c'étaient deux, même trois mains ensemble. — On me l'assura, du moins, car moi je n'en ai rien vu :

1º Parce que j'étais trop occupé à voir ce qui se passait à *mon* extrémité de cabinet; j'attendais toujours quelque chose.

2º Parce que le fond était tout à fait sombre.

3º Parce que le corps de la médium y faisait peut-être obstacle; à cause de cela je vis relativement peu l'épisode du papier et du crayon que Mlle Hjelt a décrit dans tous ses détails. Je vis seulement comment le papier disparut tout à coup des genoux de la médium, et comment, au bout de quelque temps il revint du haut du cabinet (j'avais remis à Mme d'Espérance un feuillet de papier et un crayon). Par contre, j'entendis le froissement du papier, aussi bien dans le cabinet qu'en dehors, et le bruit de l'écriture venant du cabinet. Cette écriture « *directe* d'esprit » ressemble beaucoup à l'écriture *indirecte* obtenue dans d'autres circonstances, Mme d'Espérance tenant elle-même le crayon. Je joins ici un échantillon d'une de ces écritures indirectes dont certaines lettres correspondent assez exactement avec l'écriture de la médium. Les paroles de cette écriture directe : — « Je t'assisterai ! », — se rapportent, selon mon opinion, à la médium ; car le papier ne lui fut pas rendu, pour bien nous démontrer que c'était vraiment une écriture *directe*.

Dans le courant de l'après-midi, le général Toppelius dit à Mme d'Espérance que, dans la séance précédente, deux messieurs, ayant accidentellement touché sa chaise, l'avaient trouvée vide ; ce que, pour ma part, je ne puis admettre, car, occupant la seconde place, à partir du cabinet, j'avais sans cesse Mme d'Espérance sous les yeux. Cette observation parut tout à fait incompréhensible à Mme d'Espérance, et elle en fut tellement attristée que j'en augurai mal pour la dernière séance. Mais il devait en advenir autrement : — par la dématérialisation partielle de Mme d'Espérance, il devait être démontré que le siège de la chaise pouvait être vide sans que pour cela la médium s'en fût éloigné. — Une dématérialisation aussi complète n'eut pas été aussi nécessaire pour un autre motif que pour celui-là ; car, pendant le phénomène, il ne s'est montré aucun fantôme et il semblait n'y avoir que peu de vie dans le cabinet. Assez longtemps avant ce phénomène de dématérialisation je vis *sortir une figure* de l'autre extrémité du cabinet, mais elle ne s'en éloigna que d'un pas.

Enfin, il faut encore remarquer qu'à la fin de la séance, le cabinet avait changé de position et reculé de côté, à peu près comme cela est indiqué sur le dessin. Ce changement de position arriva principalement après le phénomène de dématérialisation ; mais, déjà auparavant, j'avais observé des mouvements du cabinet.

Veuillez agréer l'expression de ma haute considération.

Votre tout dévoué,

Max Seiling.

E. — *Lettre de M. Aksakow à M. Seiling.*
(L'original est en français).

Saint-Pétersbourg, le 11/23 janvier 1894,

Cher Monsieur,

Il y a dans votre lettre du 15 janvier un détail d'une très grande importance.

Etant à gauche du médium, vous avez *pris une main droite*. C'est donc un jugement absolu, seulement il faut *le préciser*. Comment avez-vous pu vous *convaincre* que c'était *une main droite*; par les yeux ou le toucher ou par les deux sens à la fois ? Etait-ce un simple attouchement momentané (comme c'est le cas ordinairement), ou bien un serrement de main en règle, *a shakehand*, comme disent les anglais ; c'est-à-dire avez-vous passé votre pouce *entre le pouce et le dos* de cette main droite, en pressant la paume de cette main avec vos autres doigts, comme cela se pratique ? Pouvez-vous témoigner de tous ces détails avec une parfaite conscience ? Car la preuve du fait serait alors *décisive*.

Et vos voisins : Mlle Tavaststjerna et M. Schoultz, peuvent-ils témoigner de même que c'était bien une main droite ?

Et puis, vous dites un peu plus loin : — « Je saisis pour la seconde fois une main » — sans ajouter si c'était de nouveau une main droite ?

Voilà le premier point ; le second et dernier détail qui me manque, c'est une *description de l'arrangement* du cabinet. Comment avait-il été fait ? Dans le n° 1 de l'« 'Ubersinnliche Welt », que je viens de recevoir ce détail manque aussi, et il est nécessaire pour comprendre l'apparition des mains.

Je crois que j'aurai bientôt le plaisir de faire votre

connaissance, car je vois qu'une visite à Helsingfors m'est indispensable pour élucider définitivement les phénomènes importants de cette dernière séance et les opinions diverses qui s'y rapportent. Ainsi, j'ai vu dernièrement le général Galindo ; il dit qu'il faisait si sombre qu'il n'a rien pu voir, bien qu'il eut été à côté de Mlle Hjelt. Donc il me serait indispensable de reconstituer toutes les conditions de l'éclairage de la dernière séance pour que je puisse en juger de mes propres yeux. Auriez-vous la bonté de me le faire voir si je venais à Helsingfors? Et aussi, est-il possible de *rétablir*, par exemple, si la lumière venant de la rue par la fenêtre, sans store baissé, était occasionnée par un clair de lune et non par la lumière constante des réverbères de la rue?

En vous remerciant encore une fois de votre obligeance, je me permets comme vous le voyez, de vous importuner de nouveau, et sans cérémonie, remettant le reste jusqu'a notre entrevue !

Veuillez agréer etc...

A. AKSAKOW.

CHAPITRE II

F. — *Réponse de M. Seiling.*

(L'original est en allemand.)

Helsingfors 26 janvier 1894.

Monsieur le Conseiller d'État.

Je suis très-heureux de pouvoir vous donner réponse de suite, ayant par suite de l'ouverture du parlement une journée de liberté.

Je vous dois donc encore des explications sur deux points. L'un se rapporte à la manière dont j'ai pris la main. — Les deux fois, c'était bien *véritablement une main droite*, un « shakehand » comme vous le décrivez dans votre lettre ; et comme vous pouvez uniquement échanger entre elles deux mains droites (ou deux gauches) il ne peut y avoir sur ce point le moindre doute. C'était *une preuve absolue*, autant qu'on pouvait la désirer ! Le caractère des deux « shakehands » était cependant différent. La première fois, la poignée de main était semblable à celle d'une personne indifférente ; la deuxième fois elle était énergiquement cordiale. La deuxième main était aussi plus chaude que la première.

M{ll}{e} Tavaststjerna que j'ai été voir aujourd'hui a senti *tout-à-fait pareillement* et elle est prête à jurer que c'était une main droite.

M. Schoultz, que j'ai été voir aussi, n'est pas aussi sûr de son affaire parce que *les pointes de ses doigts* seulement furent pressées par la main de l'esprit; il n'échangea du reste pas de « shakehand » et n'eut affaire qu'à la première main.

L'autre point se rapporte au cabinet. — Celui-ci était établi avec un paravent à 4 feuilles, de sorte qu'il était deux fois plus large que profond ; afin de lui donner du soutien, on avait attaché en haut, par devant, un manche à balai, au moyen de ficelles ; une couverture de laine le fermait par le haut, et *deux* plaids le fermaient par devant ; il y avait donc ainsi une entrée au milieu et des deux côtés. J'ai appelé à l'occasion « fente de rideau » ce passage de côté ; *c'est par là* que vinrent les mains, et elles étaient à une certaine hauteur, comme venant d'une personne qui se serait tenue debout. Dans le milieu, les plaids se croisaient un peu l'un sur l'autre, d'environ 0,15 cent.

J'espère pouvoir rétablir exactement l'éclairage de la chambre où a eu lieu la séance. Il est vrai qu'en ce moment nous n'avons point de neige tandis qu'alors il y en avait beaucoup ; espérons qu'il en tombera d'ici à votre arrivée. La lune ne jouait aucun rôle ; nous avions justement la nouvelle lune. Il faudra évidemment prendre en considération ce point de vue là pour votre visite ici, car l'appartement est situé vers le Sud.

Vous rencontrerez les différentes personnes ayant pris part à la séance, sauf peut-être le général Toppelius qui occupait du reste une très-mauvaise place.

Veuillez agréer l'assurance de ma plus haute considération. Votre tout dévoué.

Max Seiling.

IV. — Témoignage de Mme Hélène Seiling.

A, *Note de Mme Seiling.*

(L'original est en allemand.)

Dans la séance qui a eu lieu le 11 décembre 1893, dans notre maison, je n'ai pu, faute d'espace, prendre place dans le cercle proprement dit et je me plaçai derrière la première et deuxième place, à droite de la médium. Comme je n'étais pas du tout préparée a cette dématérialisation partielle de la médium, je n'ai pas observé la disparition des jambes; je vis seulement que Mme d'Espérance restait tout le temps assise sur sa chaise. Rendue attentive à la chose par l'exclamation de mon mari lorsqu'il examina la chaise, j'ai, à partir de ce moment, observé avec une rigoureuse attention, et je puis témoigner que, durant un quart d'heure au moins, il n'y avait rien à voir de ses jambes, que la robe était comme couchée sur la chaise et qu'elle pendait à angle droit *jusqu'au sol*.

Fixant toute mon attention sur le cours ultérieur de ce phénomène remarquable, je vis la robe se remplir (pour ainsi dire), peu à peu, et les contours s'accuser toujours davantage, jusqu'à ce que le corps fut revenu à son état normal. Pendant tout ce temps je voyais la partie supérieure de son corps dans la position assise, de temps à autre penchée en avant du dossier de la chaise; je la vis prendre le verre et boire, et je l'entendais parler.

Hélène Seiling.

B. — *Remarques de M. Aksakow.*

A ma demande, sur une apparente contradiction existant entre les rapports de Mlle Hjelt et de Mme Seiling, M. Seiling me donna l'explication suivante.

« *Afin d'éclaircir la contradiction résultant des explications de Mlle Hjelt et de ma femme, j'allai voir ce matin la première. Nous tombâmes d'accord en ceci : c'est que la constatation de Mlle Hjelt concerne* le début du phénomène, tandis que celle de ma femme (comme aussi la mienne), se rapporte au moment *après* que j'eus examiné la chaise, ce qui produisit ou a pu produire un affaissement du vêtement de la médium. Les divers attouchements du siège n'ont pas, selon Mlle Hjelt, amené de changement dans les contours de la jupe qui pendait flasque, déjà après mon premier examen. »

V. — Témoignage de Mlle Fanny Tavaststjerna.
(L'original est en français.)

A. — *Lettre de Mlle Tavatstjerna à M. Aksakow.*

Helsingfors, 14 avril 1894.

Monsieur le Conseiller d'État,

Enfin, Monsieur, je puis vous envoyer le témoignage que vous avez bien voulu me demander. Je regrette beaucoup de vous avoir fait attendre aussi longtemps. Ce qui doit m'excuser auprès de vous, c'est que j'ai été malade, à deux reprises, après votre départ.

Je passe donc à la séance. Pour les circonstances extérieures, je vous prie, Monsieur, de bien vouloir vous en tenir à la description détaillée faite par Mlle Hjelt. Pour ma part, je veux ajouter qu'à la dernière séance que Mme d'Espérance nous a donnée a Helsingfors j'ai eu le bonheur d'avoir une très bonne place pour *contrôler la médium*. J'occupais la place n° 2 à son côté gauche; et, le cercle étant fort étroit, mes genoux se trouvaient à peu près à 0,30 centimètres de distance des genoux de la médium. Grâce à ce voisinage immédiat et à la lumière qui était assez bonne (mon voisin de droite pouvait voir l'heure à sa montre), je pouvais suivre chaque mouvement de la médium. Aussi je ne la perdis pas un instant de vue, et je prétends qu'il lui eut été impossible de se lever de sa place sans que je l'eusse remarqué. Je veux ajouter que je n'étais point parmi ceux qui croyaient tout simplement, mais j'étais au contraire très attentive à la critique.

Après ces remarques générales, je passe aux manifestations que j'ai vues et senties nettement pendant la dernière séance.

Nous n'avions pas été assis longtemps lorsqu'une main se montra dans l'ouverture du cabinet, de mon côté. Mon voisin de droite, M. Seiling, qui occupait la chaise n° 1, après avoir serré cette main, qui de suite disparut derrière les draperies, dit : « il y a ici une dame qui désire tant vous donner la main » ; après quoi, la main parut de nouveau. Mon voisin saisit vite la mienne et la posa dans celle qui sortait de l'ouverture ; elle était un peu froide et humide, mais elle me serra amicalement la main.

Peu de temps après, les draperies s'ouvrirent encore de mon côté et je vis une grande figure lumineuse se tenant immobile dans l'ouverture. Je lui tendis la main que je sentis se perdre dans une main beaucoup plus grande que celle que j'avais serrée quelques instants auparavant. Les doigts me semblèrent un peu raidis, à peu près comme ceux d'une personne très âgée ; mais, quand ils eurent saisi ma main, l'étreinte fut la plus vive et la plus cordiale que j'aie jamais éprouvée.

Pendant tout ce temps, je voyais la médium tranquillement assise sur sa chaise à un pas de moi. — Je dois encore vous faire remarquer, Monsieur, *que les deux mains que j'ai serrées*, du côté gauche de la médium et assez haut entre les draperies du cabinet, *étaient des mains droites*, ce qui prouve fort bien que ce n'était point la main de la médium que j'ai serrée.

Monsieur Seiling, le premier à gauche du cabinet, avait pris des ciseaux et demandé au fantôme s'il voulait bien lui donner un morceau de son voile. Le fantôme prit les ciseaux et se retira dans le cabinet, d'où j'entendis un petit bruit, comme lorsqu'on coupe quelque chose. Après quelques minutes il reparut et tendit les ciseaux à M. Seiling. Celui-ci n'ayant pas reçu ce qu'il désirait, n'était pas content et dit au fantôme : « Mais je n'ai pas reçu un morceau de votre voile ». Alors, le fantôme prit un bout de ses draperies et le présenta à M. Seiling qui en coupa un morceau. Après la séance, nous avons admiré cette étoffe qui était excessivement fine et belle.

Il y eut encore plusieurs manifestations de l'autre côté du cabinet ; ne les ayant pas vues bien clairement, je n'en parle pas, et je passe à la dématérialisation ; et je répète encore que, de ma place, je voyais fort bien tout ce qui se passait avec la médium.

J'étais toujours occupée à observer la médium, lorsque je l'entendis pousser des soupirs profonds et réitérés, comme si elle souffrait beaucoup. Puis, je remarquai qu'elle levait ou remuait plusieurs fois les deux mains, et je dois avouer que cela éveilla mes soupçons. « Voyons bien, me dis-je. Peut-être a-t-elle l'intention de s'éclipser ou de nous jouer un tour quelconque. » Afin de mieux voir, je me penchai en avant et je l'observai ainsi à quelques centimètres de distance. Au même instant, je l'entendis dire à M. Seiling : — « Venez tâter ma chaise. » — Il se leva et je vis la médium prendre une de ses deux mains. De suite après il s'écria : « Voici qui est merveilleux, je vois Mme d'Espérance, je l'entends parler, mais il n'y a que sa robe sur la chaise. » Après des pauses de quelques minutes, Mme d'Espérance permit encore à quatre Messieurs de tâter sa chaise. Pendant tout ce temps elle parut beaucoup souffrir ; elle soupirait et demanda nerveusement, deux fois au moins, à boire. Je la vis prendre le verre d'eau, je l'entendis boire et je la vis rendre le verre. J'observai que, tandis que le haut du corps avait gardé ses contours, il n'en était pas de même de la partie inférieure.

La médium étant assise, les jambes étendues un peu en avant, j'avais clairement pu voir les contours de ses jambes et genoux pendant la séance ; mais maintenant les jupes tombaient droit devant la chaise, comme s'il n'y avait rien sous elles. Cet état de chose dura à peu près cinq minutes ; après quoi je vis tout à coup que les jupes s'étaient gonflées de nouveau, sans que je puisse dire comment, et j'entendis la médium dire : « Maintenant cela va déjà mieux » et : « Voilà mes jambes revenues ».

Parmi les personnes qui prirent part à cette séance et qui avaient des places plus éloignées du cabinet, quelques-unes prétendent que la médium, pour produire cette dernière merveille, s'était placé derrière la chaise ou avait fait glisser ses jambes à côté de la chaise. Quant à moi, je puis assurer qu'il lui était impossible d'accomplir ni l'une ni l'autre manœuvre ; car, comme je l'ai déjà dit, le cercle était tellement étroit que les Messieurs, en venant tâter la chaise, seraient tombés sur les jambes de la médium si elle les avait glissées à côté de la chaise. Or, la lumière était assez bonne et j'étais assise assez près de la médium, qui était vêtue d'une robe presque blanche, pour remarquer si elle s'était levée ou avait changé de place. A celui qui répliquera peut être que j'étais hypnotisée, je répondrai que, si tel était le cas, des doutes ne me seraient point venus à l'esprit pendant la séance.

Agréez Monsieur l'assurance de ma plus haute considération.

FANNY TAVASTSJERNA.

B. — *Supplément à la lettre précédente.*

En réponse à ma question sur ses relations antérieures avec le spiritisme Mlle Tavaststjerna répliqua ce qui suit :

Helsingfors, 20 avril.

Monsieur,

J'ai bien peu de chose à vous dire en réponse à la question que vous me posez. Je ne connaissais presque rien du spiritisme avant les séances de Mme d'Espérance. J'avais fort peu ou presque rien lu, car je ne savais pas alors qu'il existât une littérature spirite aussi complète et intéressante. Les quelques notions que j'avais de l'idée m'avaient été données par une sœur qui est membre de la société : « Psychische Forschunug » à Stockholm et par Mme Hjelt, qui avait pris part, il y a un an, à quelques séances de cette même société. La chose m'intéressait beaucoup, et j'avais un vif désir d'en savoir davantage ; c'est pourquoi j'étais fort heureuse de pouvoir assister aux séances de Mme d'Espérance.

Agréez, etc...

FANNY TAVASTSTJERNA.

VI. — Témoignage du général Toppelius[1].

(Traduit du russe par M. Aksakow).

Lorsque Mme d'Espérance revint de Pétersbourg le 11 décembre, elle s'arrêta comme auparavant chez moi. Quand il fut question de la nouvelle séance, je lui déclarai qu'il était absolument nécessaire qu'elle eut lieu à une meilleure lumière ; car, à la suite d'une des séances qu'elle avait donnée ici, avant son départ pour

[1] Lors de ma visite à Helsingfors Mme la générale Toppelius et sa fille étaient absentes ; mais le général m'a dit qu'elles n'auraient rien pu témoigner de particulier à cause de leurs places éloignées de la médium, par conséquent, son témoignage compte aussi pour elles.

Pétersbourg, des personnes avaient soupçonné qu'elle quittait sa place, laissant sa robe seulement sur sa chaise, etc.... Je communiquai ceci franchement à à Mme d'Espérance ; une telle méfiance la peina profondément, mais elle n'objecta rien.

La séance eut lieu le même soir, 11 décembre, dans la maison de M. Seiling, à la lumière d'une petite lampe, bien voilée mais permettant néanmoins de distinguer les contours des assistants et de la médium. Comme j'étais assis à l'extrémité du cercle, je n'ai pu voir assez distinctement pour pouvoir rendre témoignage avec une précision suffisante de tous les phénomènes extraordinaires qui se passèrent à cette séance.

J'entendais dire et parler les autres, au fur et à mesure de leurs observations. Et, d'après toutes les impressions que j'ai conservées, je trouve la description donnée par Mlle Hjelt en tout conforme à la vérité ; ce qu'il y manque encore à mon avis, c'est qu'à la fin de la séance Mme d'Espérance était dans un état d'affaissement et d'accablement tel que je n'en ai jamais vu de pareil ; son visage et son corps étaient dans un état d'épuisement complet ; la souffrance qui était peinte sur son visage excitait la plus profonde compassion. Elle semblait être en proie à un dépérissement total ; et je crois que, si on l'avait alors mise sur la balance, son corps aurait accusé une diminution de 10 kilogrammes au moins.

Le lendemain matin, ma fille me fit part que, dès après notre retour de la séance, Mme d'Espérance était tellement abattue qu'elle se mit immédiatement au lit et que, le matin, elle était encore trop faible pour s'occuper elle-même de l'emballage de ses effets ; et, comme elle devait partir le jour même, c'est ma fille qui rassembla et installa sa toilette et toutes ses autres affaires ; elle profita de cette occasion pour les examiner avec la plus grande attention, mais n'y trouva absolument rien de suspect ni aucune trace de voile, de masques ou de mains en caoutchouc, comme on s'était plu à le supposer.

Agréez etc...

G. Toppelius

Helsingfors, 5 décembre 1893.

VII. — Témoignage de M. le Dr Raphaël Hertzberg (1).

(L'original est en allemand).

Helsingfors, le 18 avril 1894.

Monsieur le Conseiller d'État.

En réponse à votre lettre, j'ai l'honneur de vous

---

(1) Docteur en philosophie, et président du club des hommes de lettres à Helsingfors.   A. A.

communiquer ce qui suit sur « la dématérialisation » qui s'est produite à l'une des séances de Mme d'Espérance. Avant que Mme d'Espérance nous eut rendus attentifs à « la dématérialisation », nous vîmes, mon voisin et moi, la partie inférieure de ses vêtements s'élargir considérablement, à ce qu'il nous semble. Mlle Hjelt vient de me dire que ce qui m'avait paru être un élargissement de la robe de Mme d'Espérance était une légère matérialisation, indépendante d'elle-même, et qui flottait, à ce moment là, comme un brouillard devant celle-ci ; que, non seulement, elle la palpa et trouva qu'elle paraissait être recouverte comme d'un voile, mais qu'elle la fit palper par son voisin en le conduisant vers cette apparition nébuleuse qui aussitôt s'éloigna.

La « dématérialisation » se présenta de suite après, Mme d'Espérance m'appela auprès d'elle, me prit les mains et les conduisit sur tout le coussin du siège (1) que je palpai et sur lequel je ne vis que sa robe étalée. Je vis distinctement le haut de son corps ainsi que ses mains, mais je ne réfléchis pas à l'apparition, et ne fis

---

(1) Lors de ma rencontre avec le docteur Hertzberg à Helsingfors, je lui exprimai le très grand intérêt que j'avais à connaître la manière exacte dont il avait examiné la chaise. Il s'approcha d'une chaise et passa ses deux mains sur tout le siège jusqu'au dossier ; — « Comment m'écriai-je, même jusqu'au dossier ». — « Oui, répliqua-t-il, *même jusqu'au dossier* comme je viens de vous le montrer ».

A. A.

pas attention aux proportions de la partie supérieure du corps par rapport à son entourage. Interrompu par l'arrivée précipitée de l'un des assistants impatient, je dûs retourner à ma place.

Un moment plus tard, sur le désir de Mme d'Espérance je pris place auprès d'elle. Mme d'Espérance, dont je voyais distinctement le haut du corps et les bras, s'appuya, de sa main gauche, sur le coussin du siège. Elle demanda un verre d'eau que je lui remis. Elle semblait s'appuyer fortement sur sa main, car le bras tremblait comme s'il faisait un effort. Un instant après, elle saisit très vite, de ses deux mains, la mienne que j'avais posée depuis tout ce temps sur le coussin du siège, et je sentis le coussin se déplacer comme lorsque l'on s'assied brusquement. Quelques minutes après, elle me permit de le palper, et je constatai que le corps était revenu.

Étant très peu au courant des phénomènes spirites, j'étais un simple spectateur, tout à fait passif; à cette séance particulièrement, je n'examinai pas la chose de plus près, et je ne puis donc me prononcer davantage là-dessus.

Les essais d'explications que donne M. Lönnbom sur les apparitions qui eurent lieu aux séances sont ridiculement enfantines. Il admet que Mme d'Espérance manœuvre avec des poupées et des mains de gutta-percha; et, cependant, il déclare qu'il n'a rien observé de suspect et qu'il pourrait en prêter le serment.

En vous priant de m'excuser pour cette tardive réponse à votre honorée lettre ainsi que pour mon interprétation imparfaite de la langue allemande, je suis avec la plus haute considération etc.

RAPHAEL HERTZBERG.

P.-S. — Mme d'Espérance ne tenait pas une main, mais elle suppose que, pendant tout ce temps, elle était posée sur le coussin du siège, tout près de la sienne. Après qu'elle m'eut pris la main sans que celle-ci quittât le siège, elle la tint, un moment, nerveusement serrée comme si elle souffrait (1).

VIII. — Témoignage de M. l'ingénieur Schoultz.

A. *Lettre de M. Schoultz à M. Aksakow.*
(L'original est écrit en allemand.)

Helsingfors, le 20 avril 1894.

Selon votre désir, je vous rapporte ce qui suit des observations que j'ai faites à une séance spirite, chez M. Seiling, avec Mme d'Espérance.

(1) Voir à ce propos le témoignage de Mme d'Espérance.

Après qu'on eut placé, dans le milieu du poêle, une petite lampe entourée de papier rouge, la chambre fut si obscure que je ne pouvais distinguer les personnes assises en face de moi et éloignées d'environ 4 à 6 pas, mais je voyais cependant la médium qui était vêtue d'une toilette de mousseline blanche ressemblant à une ample robe de chambre avec un pli Watteau dans le dos. La lumière était si faible qu'occupant la place n° 3, à gauche de la médium, je ne distinguais qu'avec la plus grande difficulté ses pieds qu'elle tenait allongés et ses bras qu'elle mettait de temps à autre au-dessus de sa tête.

Après que les assistants eurent chanté un moment en formant la chaîne, je vis quelque chose de blanc et de faiblement lumineux au côté gauche de la médium. On dit que c'était une main, et quelques-uns allèrent pour la toucher. Moi aussi, je tendis ma main droite derrière le rideau [n° 1](1); et, de suite, elle fut prise et serrée chaleureusement, trois fois, par une main gauche de femme très douce et tiède. Après cela, il se montra à plusieurs reprises, dans le cabinet, tantôt à droite, tantôt à gauche de la médium, des morceaux plus ou moins grands de matière blanche et lumineuse; cette matière n'avait pas de figure humaine. Une fois, elle ressemblait à une main enveloppée d'un tissu lumineux

(1) Les chiffres entre crochets servent de renvoi pour les explications données dans les deux lettres suivantes.

et paraissant avoir une demi-aune, dans la forme d'une bande étroite; la main faisait des signes. Ceci fut vu à la droite de la médium.

Pendant la séance, la médium demanda à boire de l'eau; M. Seiling, assis le premier à sa gauche, lui en remit aussitôt; elle prit le verre et M. Seiling reprit sa place; mais un instant après, la médium demanda encore : « Quand aurai-je de l'eau ? » — « Mais je viens de vous en remettre un verre à l'instant, » répondit M. Seiling [n° 2]. — « Je ne l'ai pas reçu. » — Etonnement général. — Après quelque temps, la médium dit : — « Maintenant quelqu'un me passe le verre hors du cabinet; le voici. » — Je ne pus, à cause du peu de lumière, voir comment cela se fit.

Avant de passer au phénomène suivant il faut encore relever un fait qui éveilla mon attention et m'amena à observer avec plus d'intensité. Je vis [n° 3] que la médium mettait parfois ses bras derrière le rideau, de telle manière que le rideau sombre formait une ligne prononcée sur ses vêtements blancs, ce qui n'était pas le cas lorsqu'elle avait ses bras devant le rideau. De plus, je crois avoir remarqué qu'à cette occasion je voyais une partie de son bras, puis de l'épaule, comme si le bras était tendu hors du rideau. Je vis cela en même temps que les morceaux de matière lumineuse lorsqu'ils se montraient à droite et à gauche de la médium.

Dématérialisation des jambes. — Au commencement la médium était assise les jambes allongées; elle les retira peu à peu en arrière [n° 4]. Je la vis alors se lever lentement; la robe s'élargit, et la médium, se baissant, reprit sa hauteur habituelle. Durant ces mouvements, [n° 5], elle n'était pas visible pour les assistants assis en face de moi, car je les entendais dire qu'ils ne voyaient pas la médium. — La raison en était probablement que la moitié du rideau la recouvrait en partie, du côté opposé au mien. Elle soupira profondément plusieurs fois durant ce phénomène; ce qui fit dire à M. Seiling qu'elle souffrait beaucoup. Tout à coup [n° 6] elle s'écria : « Maintenant je n'ai plus de jambes, venez et examinez. » Il me semble avoir été le second de ceux qui s'approchèrent pour examiner la médium. Elle prit mes deux mains avec les siennes, les posa l'une sur l'autre, et les pressa à plusieurs reprises contre le coussin du siège, et demanda ce que je sentais. — « Une robe seulement sur le siège », répondis-je. — Après cela, elle me repoussa sans me permettre le moindre examen, et un autre prit ma place. Un moment après, je vis la médium se mouvoir lentement, bien que je ne puisse affirmer qu'elle se levât; mais je remarquai qu'elle mettait ses mains autour de sa taille, comme si elle arrangeait quelque chose à sa robe. Après quoi elle dit : « J'ai de nouveau mes jambes » — et sur ce, la séance finit.

Pendant l'état de dématérialisation de la médium il n'y eût pas de matérialisations ou autres apparitions spirites

Ainsi fut terminée cette séance qui, malheureusement, répondit si peu à mon attente.

Ivar Schoultz.

Après réception du témoignage de M. Schoultz, lequel me sembla être en contradiction avec les témoignages des autres assistants, je l'envoyai à M. Seiling, au docteur Hertzberg, et à Mlles Hjelt et Tavaststjerna, avec la prière de me communiquer leurs observations. Ils m'envoyèrent ce qui suit :

B. — *Contre-témoignage de M. Seiling.*
(L'original est écrit en allemand.)

Helsingfors, le 22 avril 1894.

Monsieur le conseiller d'État,

La valeur d'un rapport rédigé aussi longtemps après la séance (plus de 4 mois) ne me semble pas bien grande. Par exemple ce que rapporte M. Schoultz de la disparition d'un verre d'eau etc., est un incident arrivé à une séance antérieure. Plus loin, il fait dire par Mme d'Espérance à la société qu'elle n'a plus ses jambes, ce qui est absolument faux ; c'est moi qui l'ai annoncé aux assistants après avoir palpé la chaise. Mlle Hjelt le rapporte aussi peu de jours après la séance.

M. Schoultz prétend avoir senti ma main gauche, après m'avoir précédemment expliqué qu'il n'avait pu se rendre compte si c'était une main gauche ou une main droite, parce que les extrémités de ses doigts furent seulement saisies. Si je m'en souviens bien, M. Schoultz a, en votre présence même, le soir où nous étions réunis chez moi, déclaré n'avoir pu se rendre compte s'il avait été saisi par une main droite ou une main gauche (1).

Etant assis à côté de Mme d'Espérance, les manœuvres relevées [n{os} *3* et *4*] n'auraient pu m'échapper, notamment le fait de s'être levée. [n° *6*]. J'entendis seulement le capitaine Toppelius dire qu'il ne voyait pas la médium ; c'était pendant la dématérialisation, et non pas avant.

Avec mes meilleures salutations, etc...

M. Seiling.

---

(1) Je me souviens aussi de ceci. A. A.

C. — *Contre-témoignage du docteur Hertzberg.*

Helsingfors, 28 avril 1894.

Monsieur le conseiller d'Etat,

Mlle Hjelt m'a remis la lettre de M. Schoultz avec prière de donner mon opinion sur quelques points, ce que je fais volontiers.

[N° 2]. L'épisode avec le verre d'eau a eu lieu à une séance antérieure et se passa exactement ainsi :

M. Seiling donna le verre à la médium ; celle-ci dit en même temps : — « Pourquoi ne me donnez-vous pas de l'eau ? » — « Mais je viens de vous en passer », répondit M. Seiling. — « Non je n'ai pas reçu de verre », dit-elle. — « Ceci est bien extraordinaire, le verre a cependant été pris de ma main », assure M. Seiling étonné en s'adressant aux personnes du cercle. — « Ah ! maintenant j'ai le verre », s'écria Mme d'Espérance qui tenait en effet le verre d'eau de sa main droite.

Etant assis, le premier à gauche de la médium, je vis M. Seiling apporter le verre d'eau, puis je ne le vis ni dans sa main, ni dans celle de la médium, et après il était entre ses mains. Mais, je ne puis dire comment le verre disparut, ni comment il revint. Durant tout cet épisode M. Seiling était debout devant la médium.

[N° 5]. A la fin de la dématérialisation après que j'eus changé de place avec M. Seiling, j'entendis M. Toppelius, assis le premier à droite de la médium, observer qu'il ne la voyait pas; à quoi je répondis que nous la voyions très distinctement.

[N° 6]. Durant tout ce temps que je me trouvais assis à la place de M. Seiling, Mme d'Espérance appuyait sa main droite sur le coussin du siège. Il est donc tout à fait invraisemblable qu'elle ait fait des mouvements avec ses deux mains autour de sa taille. M. Schoultz a pu confondre peut-être avec le mouvement (le seul qu'elle ait fait) d'envelopper de ses deux mains l'une des miennes que j'avais posée sur le coussin du siège.

Recevez, etc.

RAPHAEL HERTZBERG.

P.-S. — Je me permets d'ajouter encore que pendant la dématérialisation Mme d'Espérance n'était pas debout derrière sa chaise comme le prétend M. Sederholm.

D. — *Contre-témoignages de Mlles Hjelt et Tavaststjerna.*

L'original est écrit en français.

Helsingfors, le 1er mars 1894.

Monsieur,

En réponse à votre aimable lettre du 23 avril, dans laquelle vous nous demandez, à Mlle Hjelt et à moi, les remarques que nous pourrions faire à propos du témoignage de M. Schoultz, nous avons l'honneur de vous communiquer ce qui suit.

Quant à la main *gauche*, que M. Schoultz prétend avoir serrée derrière les rideaux, nous nous souvenons toutes les deux qu'à la séance que nous avions arrangée chez M. Seiling, le 4 mars, et à laquelle M. Schoultz assistait aussi, je lui racontai que j'avais serré à deux reprises une main droite. Je lui demandai s'il avait fait la même remarque, et il me répondit qu'il n'avait pu saisir que l'extrémité des doigts, et que, par conséquent, il ne pouvait savoir si c'était une main gauche ou droite. Plusieurs personnes ont entendu cette réponse.

L'incident avec le verre d'eau ne s'est point passé à

la dernière séance. M. Schoultz confond les faits et les présente d'une manière différente de celle qui nous a été rapportée par les autres et observée par nous-mêmes.

Comme nous l'avons déjà dit dans nos récits respectifs, nous avons observé, au contraire de M. Schoultz, que la médium est resté tranquillement à sa place pendant la séance. Nous affirmons qu'elle n'a pas passé les bras derrière les rideaux et qu'elle ne s'est pas levée de sa place. Nous étions assises, toutes les deux, plus près de la médium que M. Schoultz.

Pour expliquer l'élargissement de la robe de la médium, qu'a cru remarquer M. Schoultz, Mlle Hjelt m'a prié de vous raconter ce qui suit. Le dernier phénomène qu'elle se souvient avoir observé avant la dématérialisation était une masse lumineuse qui, des genoux de la médium, glissa vers le plancher, du côté gauche de Mme d'Espérance. Mlle Hjelt suppose que M. Schoultz a pris ce phénomène pour un élargissement de la robe de la médium. Elle dit que, si le phénomène disparut aussi vite, c'était peut-être par sa faute ; car, afin de mieux persuader son voisin, M. Lönnbom, elle lui prit la main et la dirigea contre la masse lumineuse, de l'autre côté des genoux de la médium, afin de la lui faire saisir; celle-ci, à l'approche des mains, se retira vers le cabinet. La médium dit alors : — « N'y touchez pas, laissez-la aller. » — Alors, M. Lönnbom s'excusa en disant que c'était Mlle Hjelt qui avait conduit sa main.

Parmi les personnes placées en face de M. Schoultz, nous entendîmes le capitaine Toppelius seulement faire l'observation qu'il ne distinguait pas la médium. Ce fait est facile à expliquer : pendant la séance, des mains sortant du cabinet l'avaient plusieurs fois touché ; et, afin de donner plus d'espace aux fantômes qui voudraient sortir du cabinet, il retira sa chaise un peu en arrière, du côté droit ; ce changement de place lui fit dire qu'il ne voyait pas la médium. Mlle Hjelt soutient naturellement qu'elle a vu la médium tout le temps.

La médium n'a pas dit : — « Maintenant je n'ai plus de jambes ! » — Elle ne parla pas du phénomène ; c'est M. Seiling qui l'annonça le premier à la société.

Mlle Hjelt déclare avoir très bien suivi les mouvements des mains de la médium. Elle conteste absolument que la médium ait mis ses mains autour de sa taille comme pour arranger sa toilette. Pour mon propre compte, j'étais aussi, pendant toute la durée de la dématérialisation, exclusivement occupée à observer la médium, et je n'ai rien vu de ce que décrit M. Schoultz. Il me semble, d'ailleurs, que M. Schoultz, après avoir déclaré au commencement, qu'il n'avait pour ainsi dire rien pu voir, a fini par avoir tout vu, jusqu'aux moindres détails.

Agréez, Monsieur, les salutations les plus respectueuses de la part de Mlle Hjelt et de la mienne.

Avec la plus haute considération,

Fanny Tavaststjerna.

IX. — Témoignage du général Sederholm (1).

Le 4 décembre 1893, Mme d'Espérance partit pour Saint-Pétersbourg, d'où elle revint à Helsingfors le 11 du même mois. Une séance eut lieu le soir suivant. Etaient présentes 16 personnes seulement.

Mme d'Espérance portait une toilette claire, non ajustée. La place qui m'avait été donnée se trouvait très loin du cabinet. Cette fois-là, je ne vis pas grand chose, une main seulement qui fut tendue, à plusieurs reprises, hors du cabinet, et toucha les épaules et la tête de ceux qui en étaient rapprochés.

La largeur totale du cabinet n'était pas de plus de un mètre et demi. Mme d'Espérance pouvait donc placée au milieu de ce cabinet, en étendant ses bras derrière le rideau sombre, toucher son plus proche voisin, sans que son bras blanc fut remarqué.

---

(1) Tiré du journal d'Helsingfors « Nya Pressen » n° 343 du 17 décembre 1893.

Plus tard, Mme d'Espérance engagea quelques-uns des assistants à examiner sa chaise. La chaise était occupée maintenant par un être sans jambes et qui avait cependant une tête parlante et des mains.

Ceux qui palpèrent la chaise observèrent qu'elle était vide, et que sous la robe il n'y avait point de corps. Comment doit-on expliquer ce miracle qu'un être humain, sans corps ni jambes, flottant en quelque sorte dans l'air, puisse parler et toucher les mains de ceux qui examinèrent la chaise? Tout simplement! Si vous portiez une blouse, mes lectrices, et que, comme le fit alors Mme d'Espérance, vous vous placiez derrière une chaise dont vous recouvriez le dossier avec votre robe et vos jupons, vous feriez le même miracle; car celui qui examinera maintenant la chaise avec ses mains, — dans l'obscurité naturellement — la trouvera couverte avec votre robe et vos jupons. Mais, où est le corps? Celui-là a disparu; il s'est dématérialisé.

Aucun des croyants de Mme d'Espérance ne voudra prétendre qu'elle était debout derrière la chaise, car ce serait se méfier, douter d'elle et de ses manifestations d'esprits.

Je laisse à mes lecteurs le soin de conclure. J'ai donné seulement les faits tels que je les ai observés moi-même (1).

(1) C'est tout ce que le très vieux général a trouvé à dire sur cette séance du 11 décembre 1893 qui nous intéresse spécialement. Nous

X. — Témoignage de M. J. Boldt (2).
(L'original est en allemand).

Helsingfors, 8/20 mai 1894.

Monsieur le conseiller d'État,

Je vous fais toutes mes excuses de ne pas vous avoir répondu plus tôt, mais la cause principale est que je n'avais rien de particulier à vous communiquer en ce qui concerne le soi-disant phénomène de dématérialisation.

Comme je vous le mentionnai de vive voix, je n'eus pas la permission, en cette occasion, d'examiner le siège tout entier, en sorte que mes observations n'ont point de valeur. Tout ce que je puis dire, c'est qu'il m'a paru que la partie supérieure du corps de la médium se trouvait dans sa position normale.

Avec mes cordiales salutations, etc...

JEAN BOLDT.

Adresse : Nikolaigatan, n° 23.

n'avons pas à nous en préoccuper ; car, en ce qui concerne cette séance, le général n'a cité que des faits précisément non observés par lui-même. Au lieu de faits il ne donne que des suppositions, et nous avons pris celles-ci en considération. A. A.

(2) Juriste et homme de lettre. A. A.

XI. — Témoignages du général Galindo et de M. Lönnbom.

Ces deux témoignages ne me sont pas encore arrivés jusqu'à présent. Je regrette de n'avoir pas vu M. Lönnbom, lors de mon séjour à Helsingfors. J'ai seulement appris qu'il ne connaissait rien du spiritisme, et qu'il avait assisté pour la première fois à une séance. Comme il était assis très près de la médium, il a fort bien pu *tout voir*, et il en était très émerveillé; mais, le lendemain, il a essayé d'expliquer tout avec des poupées et des mains de caoutchouc que la médium aurait adroitement fait manœuvrer; toutefois, il n'avait pu observer de quelle manière elle le faisait. (Voyez le témoignage n° VII du docteur Hertzberg). Cependant je me suis adressé à M. Lönnbom, par l'intermédiaire de MM. Hertzberg et Seiling, avec la prière de me communiquer ses impressions sur cette séance, ainsi que toutes les explications qui lui sembleraient nécessaires, sans avoir la moindre crainte de s'exprimer librement; mais je n'ai rien reçu de lui jusqu'à présent.

En ce qui concerne le général Galindo que je connais de longue date, je l'ai vu à Helsingfors, et comme il est très sceptique, et en même temps très désireux de voir et de se convaincre, je l'ai, bien entendu, questionné sur cette séance; mais, à mon grand étonnement, il me déclara n'avoir rien vu de tout ce que rapporte Mlle Hjelt, à cause de l'obscurité de la chambre; comme il me sembla, qu'en outre de cela, le général conservait quelques doutes et soupçons, je le priai de me les communiquer sans aucun scrupule dans un témoignage par écrit, ce que j'avais demandé aussi à tous les autres. Mais, de lui non plus, je n'ai rien reçu jusqu'à présent.

A. A.

XII. — Témoignage personnel de la médium Mme d'Espérance.

A. — *Récit fait par Mme d'Espérance, de la séance tenue à Helsingfors le 11 décembre 1893 dans la maison de M. Seiling, 45 Wladimirsgatan.*

(L'original est en anglais.)

J'étais arrivée très fatiguée de Saint-Pétersbourg après un voyage de nuit et j'avais un fort mal de tête avec une douleur aiguë dans la nuque, ce qu'on me dit être le commencement d'une attaque d'influenza.

J'avais essayé de dormir dans la journée, mais sans réussir, et j'étais disposée à remettre la séance ; je réfléchis, toutefois que si j'avais l'influenza je ne pouvais espérer être en meilleur état le lendemain, et le surlendemain était fixé pour mon retour à Gothenbourg, mon pays ; la remise de la séance ne pouvait donc améliorer la situation.

Il était assez tard lorsque j'arrivai à la demeure de M. et Mme Seiling et tous les membres du cercle étaient déjà à leurs places.

La chambre était éclairée par une lampe posée sur le coin d'une table, et la porte de la chambre de séance se trouvait grande ouverte. Le piano du salon à côté fut roulé près de la porte ; dans cette pièce, une lampe allumée pendait au plafond.

Le général Toppelius était assis au coin de droite du demi-cercle (1), auprès du cabinet, M. Lönnbom à côté de lui ; en arrière et en partie entre eux, était assise Mme Seiling.

Du côté gauche, le plus rapproché du cabinet, se trouvait M. Seiling. Je n'ai pas fait attention aux places des autres personnes, sauf que les généraux Sederholm et Galindo et le docteur Hertzberg étaient assis en face du cabinet, et, par conséquent, les plus éloignés de cet endroit.

En entrant, je ne parlai pas à beaucoup de personnes, mais je m'assis de suite, à ma place, devant le cabinet, sans regarder au dedans, ce que je ne fais jamais du reste. Je me sentais trop souffrante et fatiguée pour me mêler à la conversation.

(1) Voyez le dessin de la chambre dans le rapport de M. Seiling.
A. A.

On eut quelques difficultés avec l'éclairage qui fut organisé de cette façon : on plaça une lampe (comme je le suppose, car je n'ai pas vu la lumière), dans la niche du poële, et l'on couvrit cette ouverture avec du papier rouge ou orange. La lumière touchait directement sur le cabinet et fut une gêne pour tous ceux qui se trouvaient assis en face ; mais, après avoir essayé de plusieurs manières de diminuer cette clarté, j'offris mon châle qui était de cachemire bleu pâle, pour le suspendre devant l'ouverture du poële, ce qui fut trouvé très bien. Après que ceci eut été mis en ordre, M. Seiling se mit au piano, et joua, si je m'en souviens exactement, une sérénade de Wagner.

Pendant le jeu, tout devint tranquille, et M. Seiling revint alors reprendre sa place à ma gauche.

J'entendis des mouvements à l'intérieur du cabinet, et vis des mains qui venaient en arrière et au-dessus de moi. Ces mains touchèrent, je crois, ceux qui se trouvaient, des deux côtés, les plus rapprochés du cabinet. Je vis les mains une ou deux fois, lorsqu'elles vinrent assez en avant, et j'ai su, les autres fois, qu'elles étaient là par les remarques des assistants.

Je me trouvais assise à environ un pied ou un peu plus, des rideaux du cabinet ; la lumière était suffisante pour me permettre de reconnaître chacune des personnes du cercle, et je remarquai que le capitaine Toppelius était assis septième ou huitième à partir de ma gauche; cela me fit me souvenir qu'il avait demandé la permission d'être auprès de moi ; et, à cause de cette promesse, je demandai au général Toppelius s'il lui serait indifférent de changer de place avec lui, ce à quoi il consentit aussitôt.

Le capitaine Toppelius s'assit alors tout près de ma main droite, de sorte que je le touchais lorsque je faisais un mouvement.

Par suite de cet échange de place, les manifestations s'arrêtèrent, et quelqu'un proposa que j'essaye d'obtenir par écrit des instructions sur la marche à suivre. On me donna une feuille de papier à lettre et un crayon, pour écrire sur mes genoux.

Pendant que je me tenais ainsi, une grande main avec le bras nu, sortant du cabinet et passant par-dessus ma tête jusqu'à mes genoux, saisit le papier et le crayon, et disparut derrière moi dans le cabinet.

J'entendis le bruit du papier froissé et déchiré, puis celui du crayon qui écrivait. Ensuite la main ressortit entre les rideaux, derrière moi, et laissa tomber sur mes genoux la moitié du papier et le crayon; puis mit l'autre moitié du papier dans la main du capitaine Toppelius, et disparut de nouveau. Le capitaine trouva plus tard sur son papier une communication en langue suédoise. La main et le bras étaient bien au-dessus et plus haut que nos deux têtes, comme s'ils appartenaient à une personne très grande.

Les rideaux s'ouvrirent plusieurs fois et je vis qu'il y avait là des formes qui étaient plus ou moins complètement matérialisées; je ne crois pas qu'elles aient jamais dépassé l'endroit où j'étais assise, mais je n'en suis pas sûre parce que, la plupart du temps, à moins d'être touchée ou interpellée, je restais les yeux fermés, avec mes mains croisées derrière la nuque pour soutenir ma tête douloureuse que cette position semblait calmer.

Le capitaine Toppelius me parla une ou deux fois, et je me souviens de lui avoir entendu faire des remarques sur une forte odeur comme de thérébentine ou de quelque chose de semblable, qui se faisait sentir dans la chambre. Je la sentis aussi; du reste je m'efforçais de ne rien voir et de ne rien entendre afin de ne pas interrompre des manifestations qui me semblaient être faibles.

J'avais, durant les manifestations, un intolérable sentiment de faiblesse et d'épuisement nerveux que j'attribuais à l'influenza dont j'étais menacée, et je désirais beaucoup que les manifestations cessent bientôt afin de pouvoir aller prendre du repos.

Bientôt je fus lasse de tenir mes bras en l'air et laissai retomber les mains sur mes genoux; c'est alors que je constatai qu'au lieu de reposer sur mes genoux elles se trouvaient en contact avec la chaise sur laquelle j'étais assise. Cette découverte m'agita énormément et je me demandai si je dormais. Je tâtai soigneusement partout ma robe, cherchant mes genoux et mon corps, et je trouvai que, quoique la partie supérieure de mon corps, bras, épaules, poitrine et compagnie fussent comme d'habitude, toute la partie inférieure avait totalement disparu. Je pressai mes mains sur ce qui avait été mes genoux, mais il n'en restait aucune substance sauf la robe et les jupons. Cependant j'en avais l'impression totale habituelle ; plus même que d'habitude, à tel point que, si mon attention n'avait pas été éveillée par le hasard, je n'aurais probablement rien remarqué de cette particularité.

En me baissant pour voir si mes pieds se trouvaient là, je perdis presque mon équilibre ; cela m'effraya très fort, et je sentis qu'il me fallait absolument m'assurer si je me trouvais ou dans un rêve ou sous le coup d'une illusion. A cet effet, j'étendis la main, je saisis celle de M. Seiling en le priant de me dire si j'étais oui ou non réellement assise sur ma chaise ! J'attendais sa réponse avec angoisse.

Je sentis que sa main me touchait aux genoux mais il répliqua : « Non là, il n'y a rien que vos jupons ! »

— Cela me donna une frayeur encore plus grande ; mais je posai la main que j'avais libre contre ma poitrine et je sentis mon cœur qui battait.

J'étais prête à m'évanouir de terreur ; je demandai

un verre d'eau qu'on me donna ; et, sitôt que j'eus pris de l'eau, j'entrai en transpiration. Chaque minute augmentait mon épouvante ; j'attendais avec angoisse ce qui allait encore advenir de moi.

J'entendis les autres assistants demander ce qui était arrivé et je compris que M. Seiling leur expliquait la disparition de la moitié de mon corps. Plusieurs d'entre eux demandèrent alors la permission de venir plus près afin de voir par eux-mêmes. Je me souvins que le docteur Hertzberg s'intéressait à ces choses et je l'engageai à s'approcher. Il changea de place avec M. Seiling et je tins ensuite sa main pendant presque tout le temps.

Après, on demanda : — « M. Boldt peut-il venir et voir ? » — « M. Schoultz peut-il venir ? » — Ils s'approchèrent et me touchèrent ; ils posèrent leurs mains sur la chaise et les passèrent le long de ma robe. Ma nervosité et ma frayeur s'augmentaient à chaque minute ; je me sentais extrêmement souffrante. Le capitaine Toppelius m'examina aussi et cria, comme s'il venait de recevoir un coup : — « Pas même la moitié de votre corps n'est resté ! » — Cette idée me rendit malade. Le coup qu'il ressentit sembla me toucher moi-même aussi jusqu'à un certain point ; et, bien que d'autres semblassent très désireux de faire un examen plus approfondi, je sentais que je ne pouvais plus en supporter davantage et je les priai de me laisser un instant seule.

Quelqu'un proposa de terminer la séance, mais j'étais préoccupée de ce qui pourrait alors advenir de moi et je suppliai qu'on restât tranquillement assis, ce qu'on fit.

Je crois que M. Sciling joua doucement une mélodie sur le piano ou bien que quelqu'un se mit à chanter ; je ne sais au juste, car j'étais très peu consciente. Le calme fut rétabli, et, après quelque temps, je sentis que mes membres revenaient graduellement et qu'ils remplissaient ma robe ; la grande frayeur nerveuse que j'avais éprouvée disparut peu à peu et, au bout d'une demi-heure environ à partir du moment où la dernière personne m'avait touchée, autant que j'en puis juger, j'étais revenue dans mon état normal, abstraction faite de la réaction après une épreuve aussi douloureuse.

Je bus une tasse de thé et je crois que je mangeai quelque chose, mais je n'en suis pas sûre ; et au bout d'une demi-heure, je pus prendre congé de M. et Mme Sciling et me retirer avec mes hôtes, M. et Mme Toppelius.

Trois mois se sont passés depuis cet incident ; mais, depuis quinze jours seulement, mes nerfs sont remis de cette fatigue et des émotions que j'ai eu à traverser.

Il est probable que la dématérialisation du corps du médium se produit à chaque séance à un degré plus ou moins grand ; mais, dans la circonstance en question, cela a dû se passer d'une façon irrégulière, c'est-à-dire qu'une partie de mon corps est restée intacte tandis que l'autre partie, autant que j'ai pu m'en rendre compte, s'est trouvée complètement dématérialisée.

Je ne sais si ce cas s'est déjà présenté auparavant de la même manière, et je puis dire en vérité que c'est au hasard plutôt qu'à toute autre chose que je suis redevable de cette découverte. Lorsqu'elle eut lieu, mon impression principale était une grande dépression physique et une répugnance à parler et à remuer ; cependant j'étais en même temps très lucide pour les sensations et les pensées de ceux qui étaient autour de moi et qui m'influençaient fortement.

Cette découverte d'une dématérialisation partielle me donna un coup ; car, lorsque je me rappelais que je me trouvais parmi des étrangers ignorants de tous ces genres de phénomènes et quand je réfléchissais combien il serait nécessaire que les assistants restassent calmes pendant la durée de pareilles manifestations, j'étais moi-même nerveuse et agitée, sans doute d'une façon exagérée; et d'autant plus que la dématérialisation se prolongeait davantage. Elle m'a paru durer une heure, bien que je n'aie pas eu connaissance de sa durée véritable.

Je pouvais me rendre compte que l'agitation des assistants empêchait mon rétablissement, ou du moins le rendait plus difficile.

Quoique cette singulière demi-dématérialisation fut toute nouvelle pour moi, la question avait déjà été bien des fois discutée dans mon pays, de savoir jusqu'à quel point j'étais dissoute, ou dans un état fluidique ou demi-fluidique durant les séances ; mais nous n'avions pu arriver à en trouver la solution, par ce que j'endurais toujours des angoisses mortelles lorsqu'on me touchait pendant que les esprits matérialisés circulaient en dehors du cabinet. Si on me tenait ou me touchait pendant les manifestations j'en éprouvais un si terrible ébranlement que j'en étais toujours plus ou moins malade durant quelques jours.

Quand je commençai pour la première fois à m'asseoir devant le cabinet il se produisit un cas qui démontra aux assistants ce que j'avais déjà pu démontrer d'une autre manière. Nous vîmes tous un torrent nuageux pareil à de la vapeur ou à un brouillard sortir de ma poitrine et se mouvoir sur mes genoux. Il s'en forma une figure ayant l'aspect d'un enfant (1), dans

(1) A la fin de juillet 1896, M⁻ᵉ d'Espérance est venue passer quelques jours à Paris. Elle a bien voulu essayer, un soir, devant cinq personnes (M⁻ᵉˢ Aksakow et Boutlerof., son amie la baronne de Zeidlitz, M⁻ᵉ Cauvin et moi) ce qu'elle était redevenue capable de produire. Elle s'assit sur un canapé, nous sur des chaises ; on éteignit les lumières et nous attendîmes en silence sans former de chaîne. Au bout de quelques minutes, nous vîmes tous une sorte de boule lumineuse apparaissant dans sa direction à hauteur, nous semblait-il, de sa poitrine ; cette boule, semblable en effet à de la vapeur ou à un brouillard lumineux, s'allongea vers le sol, puis se resserra, prit les formes les plus diverses, présentant parfois des points plus brillants comme de petites étoiles. A la

qui, si on le touchait à la figure, les doigts semblaient s'enfoncer en partie ; en même temps, j'avais la sensation des doigts pressés contre ma joue. Le petit enfant était d'une grande vivacité et sautait sur mes genoux d'une façon toute naturelle. Cela amusait Hudson, le fils de M. Fidler, qui, curieux de voir les petits pieds de l'enfant, posa dans ce but la main sur mes genoux ; mais, cette main s'enfonça, au travers jusqu'à la chaise. Tout effrayé il la retira vivement, en partie parce qu'il avait eu peur et aussi parce que, ne pouvant supporter cette pression, je le priais d'enlever de suite sa main. Dans cette circonstance j'étais, semble-t-il, dans un état demi-fluidique par tout mon corps ; je pouvais parler et me remuer mais je ne pouvais pas me tenir debout. Mes membres étaient comme trop amollis pour me porter.

J'essayerai peut-être un jour de vous donner d'autres preuves de ces phénomènes ; mais jusqu'à présent je n'ai pas encore imaginé de plan me permettant de les

---

fin M⁻° Cauvin, qui cependant paraissait tout à fait ignorante de ce genre de manifestations, crut reconnaître la forme d'un enfant ; elle prit peur, voulut se lever, poussa des exclamations et apporta assez de trouble pour arrêter la manifestation : la vapeur lumineuse diminua de volume et finit par disparaître.

Cette vapeur, tout à fait semblable sans doute à celle qui, dans des cas semblables, se dégageait du médium Eglington, a été comparée pour ce dernier à de la fumée de cigarette-lumineuse ; le peintre James Tissot a employé même l'expression originale du « clair de lune râpé ». Pour moi l'impression serait un peu analogue à celle de la voie lactée, par une belle nuit, quand elle paraît d'une blancheur laiteuse. A. de R.

produire tout en évitant les pénibles et douloureuses sensations de la précédente expérience.

Gothenbourg le 14 mars 1894 (1).

E. d'Espérance

B. — *Questions adressées par M. Aksákow à Mme d'Espérance.*

Après avoir reçu cet intéressant témoignage, et le trouvant insuffisant dans certains détails, je m'adressai à Mme d'Espérance avec prière de me renseigner sur les points suivants :

L'imputation principale de votre rapport réside en ceci : que vous teniez et conduisiez vous-même les mains de ceux qui examinaient la chaise. C'est pourquoi je vous demande de m'expliquer :

1) Pourquoi vous avez fait cela ? et la manière dont à proprement parler le siège a été examiné ? Le siège fut-il examiné entièrement jusqu'au dossier ? et que sentiez vous alors avec cela ? Tout ceci est de la plus grande importance.

---

(1) Je n'ai pu obtenir ce témoignage plus tôt. Car, à ma prière de l'envoyer Mme d'Espérance me répondit qu'elle se sentait encore trop faible pour le rédiger et que rien que de penser à cette séance et à ses impressions si effrayantes lui était déjà insupportable.

A. A.

2) Votre état était si extraordinaire que vous aurez très probablement fait tous vos efforts pour vous rendre compte de chaque particularité. Ainsi, par exemple : — Avez-vous passé vos mains sous la partie supérieure de votre corps ? — Y avait-il là un espace entre le corps et la chaise ? Si c'était le cas, (comme quelques-uns des témoins l'ont assuré), alors votre buste *flottait* pour ainsi dire *dans l'air* sans soutien visible.

3) Voulez-vous bien me dire plus exactement jusqu'à quel point M. Seiling et le docteur Hertzberg examinèrent la chaise, car MM. Boldt et Schoultz déclarent qu'ils ne purent examiner qu'une partie de la chaise.

4) Prière aussi d'établir exactement ce qu'a fait le capitaine Toppelius. Il écrit : — « que vous posiez ses mains, ou plutôt que vous les conduisiez le long de vos deux côtés, jusqu'à la chaise, » — Par conséquent il se trouva être le seul favorisé qui ait pu vérifier la véritable présence de la partie supérieure de votre corps. Donnez-moi, je vous prie, votre témoignage sur ce point très important. Vous dites ailleurs seulement ces quelques mots : — « le capitaine Toppelius m'examina aussi ». — Le fit-il avec une seule ou avec les deux mains ? En ceci *les plus petits détails* concernant la manière d'agir sont précieux.

5) Dans votre rapport se trouve cette expression : « et de suite je commençai à transpirer ». — C'était après que vous aviez bu de l'eau. Je vous prie de

m'expliquer plus clairement vos sensations lorsque vous buviez dans cet état étrange ?

6) Il manque encore un point très important : — L'état de votre santé, dans ses moindres particularités après cet événement et aussi, bien entendu, les détails sur la perte de votre médiumnité. Comment avez-vous remarqué et examiné cette *disparition* ? Quand recommencèrent les symptômes de son retour ?

C. — *Explications complémentaires de Mme d'Espérance.*

Voici les réponses de Mme d'Espérance :

1) Je conduisis la main de la première personne qui examina la chaise parce que je trouvais difficile de parler n'étant pas sûre que c'était vrai, et aussi pour savoir si quelqu'un confirmerait ma découverte avant d'attirer sur elle l'attention de l'assistance. Nous passâmes nos mains très vite sur tout le siège de la chaise, et, lorsqu'elles touchèrent le dossier, je sentis une légère secousse. Avant cet examen je me sentais faible et souffrante, avec un sentiment particulier d'engourdissement dans les membres, mais je n'éprouvais point de véritable douleur, sauf dans la nuque, jusqu'au moment où la chaise et l'endroit qui avait été une partie de moi-même furent touchés ; alors la douleur devint intolérable, tout à fait comme si mes nerfs avaient été à vif. Le docteur Hertzberg vint à ma prière, comme

je crois, et passa également ses mains sur le siège, le dossier et la place où mes genoux auraient dûs se trouver. Je ne crois pas que je conduisis ses mains, mais ne puis l'assurer ; il s'assit alors à la place qu'avait occupée précédemment M. Seiling.

MM. Schoultz et Boldt vinrent ensuite *ensemble* pour faire leur examen et bouchèrent ainsi presque complètement la lumière. Ils remuèrent leurs mains d'une manière incertaine et me causèrent une telle frayeur que je retins leurs mains, (ou quelqu'une de leurs mains), plutôt pour me protéger que pour d'autres raisons. Je ne crois pas qu'à ce moment là je pensasse beaucoup à ce que je faisais. Leurs mouvements étaient brusques, nerveux et indécis, et comme ils se tenaient le dos contre la lumière, je me trouvais dans l'obscurité ; il est donc possible qu'ils ne m'aient pas aussi bien vue que les autres.

Ils commirent une faute en venant ensemble parce qu'ainsi ils se gênèrent l'un l'autre dans leurs mouvements.

2) Je ne sais pas combien il restait d'espace entre mon corps et la chaise ; cela semblait changer. Il n'y avait pas de soutien visible, exception faite des vêtements que je portais.

3) Je me sentais si malade et si épuisée après avoir été touchée par M. Schoultz et M. Boldt que j'avais

une grande frayeur de m'évanouir et de tomber de la chaise.

L'agitation des assistants m'influençait d'une singulière façon, et j'avais une peur terrible de quelque chose, sans savoir de quoi. Je saisis la main droite du docteur Hertzberg avec ma main gauche, et je la tins sur le siège de ma chaise, afin de me soutenir dans une position droite, car je me sentais tomber en avant. Je restai assise ainsi un certain temps, tenant toujours la main du docteur Hertzberg sur la chaise, ce qui semblait me donner des forces.

4) Le capitaine Toppelius me demanda la permission de venir, et dès que je fus un peu remise de ma frayeur et de ma faiblesse, il vint à moi. Je séparai alors ma main de celle du docteur Hertzberg, et, prenant la main du capitaine, je la conduisis avec précaution, (car j'avais grand peur de souffrir), depuis mes aisselles le long du dossier de la chaise en descendant jusqu'à la place où mes genoux auraient du être, et en bas à mes pieds. En faisant cela, j'avais de nouveau presque perdu mon équilibre.

Au même moment il sembla ressentir une espèce de secousse et cria : — « O Dieu, la moitié de votre corps a disparu, je me trouve mal, » — ou des mots semblables. Son contact et son agitation firent revenir ma faiblesse ; mais je remarquai, lorsque mes mains passèrent en descendant le long de mon corps, que celui-ci existait encore, en partie, sous la taille; cependant il ne semblait pas se terminer brusquement car je ne me souviens pas d'une terminaison très nette. Depuis, j'ai cru que la dématérialisation était plus générale qu'à première vue, car je me souviens que, lorsque je me tâtai en conduisant la main du capitaine Toppelius, j'eus la pensée que j'étais plus maigre et plus molle que je ne le suis en réalité. Mais ceci sont des réflexions faites après coups; la souffrance, l'agitation et la peur m'empêchaient alors de penser à autre chose qu'au fait lui-même.

5) Lorsque le capitaine Toppelius fut retourné à sa place, M. Seiling insista pour obtenir le rétablissement du calme et du silence (1). Je demandai de l'eau, et tout en buvant, je me demandais avec curiosité comment cette eau allait être absorbée. Je ne sentais point de douleur du moment qu'on ne me touchait pas, mais j'étais très faible et inquiète de mon corps; je me demandais où pouvait être cette partie disparue et si jamais je redeviendrais entière. Depuis le commencement de ma découverte, les assistants les plus rapprochés et moi avions la certitude qu'il y avait une ou des formes dans le cabinet derrière moi, mais pendant ma frayeur je n'y ai pas pensé.

(1) Il se mit à chanter un hymne; les autres l'accompagnèrent, et cela réussit à rétablir la tranquillité.

E. D'ESP.

Je sentis que l'eau que j'avais bue se perdait dans les pores de ma peau et je vis peu à peu ma robe se remplir; je ne souffrais plus, mais j'avais une sourde sensation de fourmillements comme si mes jambes étaient endormies. J'observai le remplissage de ma robe avec un grand contentement et je remarquai que tout était devenu tranquille dans le cabinet.

6) Après la séance j'étais très faible et fatiguée, et j'avais la vague impression que tout cela n'était vraiment pas arrivé; tout ce que je disais et faisais me semblait être dit et fait par une autre personne.

Je rentrai un ou deux jours plus tard dans mon pays, mais cette impression ne me quitta pas. Je n'éprouvai plus de goût à rien, ni comme amusement, ni comme occupation, et je me sentais incapable de prendre de l'intérêt à quoique ce soit; j'étais étourdie et hébétée. Tout essai pour travailler et réfléchir, ou même seulement écrire, semblait trop au-dessus de mes forces; si je voulais m'efforcer de le faire, cet effort amenait de violentes douleurs de tête; mes cheveux devinrent tout blancs et tombaient en grande quantité dès que j'avais de ces crises de douleurs à la tête. Comme je suis très dormeuse de ma nature, j'étais toujours somnolente et j'avais de la peine à me tenir réveillée dans la journée.

Cet état dura trois mois, mais s'améliora sur la fin de cette période. Sur le désir de mes amis, on refit plusieurs essais de séances pour obtenir des manifestations intelligentes, dans l'espoir qu'elles me seraient peut-être utiles, mais tous nos essais furent nuls. Plus tard, environ à la mi-mars, j'assistai à une séance chez M. Karl Nordmark et nous eûmes des réponses par coups frappés et un essai de matérialisation. Une semaine après nous essayâmes à nouveau, mais sans aucun résultat. La séance suivante fut, par contre, réussie : un esprit fut matérialisé et reconnu par une ou deux personnes ; et, une seconde fois, si parfaitement matérialisé qu'il put circuler dans la chambre et fut reconnu pour sa mère par un jeune homme de la société.

Après cela je me sentis de nouveau pareille à moi-même, et quoique je ne sois pas encore tout à fait bien, je me sens pourtant mieux qu'après ce phénomène si extraordinaire de Helsingfors.

E. D'Espérance.

Partenkirchen, Haute-Bavière, 26 avril 1894.

CHAPITRE III

ENQUÊTE PERSONNELLE DE M. AKSAKOW A HELSINGFORS

J'AURAIS pu, à la rigueur, me contenter de tous les témoignages et détails qui précèdent et me passer d'un voyage à Helsingfors ; mais le cas dont il s'agit est tellement extraordinaire, tellement incroyable et, en même temps si important, que je considérai comme mon devoir de ne négliger aucun moyen pour que l'investigation fût aussi complète que possible. A ce point de vue, mon enquête personnelle à Helsingfors paraissait nécessaire, notamment pour les raisons suivantes.

1) Avant tout il était nécessaire pour moi de faire la connaissance personnelle de ceux qui furent les témoins du phénomène dont il s'agit, et sur le témoignage desquels la question capitale doit être résolue : *A-t-il eu lieu, oui ou non ?*

La valeur d'un témoignage dépend certainement beaucoup de la compétence morale et intellectuelle de celui qui le rend ; il était donc essentiel, pour moi, de m'en assurer. Surtout en matière de spiritisme, il faut être sous ce rapport tout aussi prudent que méfiant. Une longue expérience dans ce domaine m'a prouvé que les hommes les plus sérieux, même adonnés aux sciences positives, peuvent voir les choses de travers quand il s'agit de spiritisme. Le souverain désir d'obtenir certains phénomènes, à tout prix, prive quelquefois les gens de tout sens critique et les rend aveugles pour tout ce qui peut infirmer la réalité d'un phénomène attendu. Il était donc urgent de m'assurer que les témoins en question n'étaient pas des enthousiastes peu dignes de foi. A chacun des témoins, j'avais à poser un certain nombre de questions afin de vérifier et compléter ce qu'ils m'avaient certifié par écrit.

2) Il était essentiel de voir le local même où la séance avait eu lieu, avec le même cabinet, la même disposition des chaises, etc... ; car, bien souvent, les choses les plus simples, qui échappent aux descriptions

mais n'échappent pas aux yeux, ont la plus grande valeur pour l'estimation d'un fait.

3) Afin de me faire une idée parfaitement juste des principaux moments de cette séance mémorable, j'avais l'intention, une fois sur place, d'en faire une répétition, de la reconstituer autant que possible avec l'aide des principaux témoins. Nos lecteurs savent déjà, par la correspondance précédente, que M. Seiling (chez lequel eut lieu la séance) me promit son assistance dans ce but, et que Mlle Hjelt eut la complaisance de me promettre de jouer le rôle de la médium pendant cette séance, dans une robe de la même nuance que celle portée par la médium. Me prévalant de cette aimable proposition, je la priai même de se commander (à mes frais, bien entendu) une robe de la même façon ; car, dans ce cas, la façon de la robe joue un rôle très significatif, comme nous le verrons du reste.

4) Enfin il était pour moi de première importance, de me faire une idée exacte de la quantité de lumière qu'il y avait eu à cette séance et de la façon dont l'éclairage était produit. Nous savons, quant aux deux fenêtres de la chambre, que le store blanc de l'une de ces fenêtres était baissé alors que celui de l'autre se trouvait relevé. Il fallait donc prendre en considération le genre et la quantité de lumière qui pouvait provenir du dehors ; le moindre clair de lune, aurait grandement modifié la question de l'éclairage. Mais, toute information prise,

la séance eut lieu quand il n'y avait pas de lune. Je devais donc, régler mon arrivée sur cette phase lunaire. C'est ce que je fis en me rendant à Helsingfors le 18 février (2 mars) 1894, où j'arrivai le lendemain après un trajet de 14 heures. Bien peu de chose ! si je n'avais eu pour compagnons inséparables une quantité d'infirmités qui rendent mes voyages extrêmement pénibles. Je me rendis immédiatement chez M. Seiling, qui me présenta de suite à sa femme. Ils me reçurent avec la plus grande cordialité ; nous avions déjà échangé tant de lettres que nous nous rencontrâmes comme d'anciennes connaissances.

Sans perdre de temps, nous passâmes dans la chambre où avait eu lieu la séance et où tout avait été disposé comme on le voit sur le dessin (page 69). J'y trouvai le même cabinet qui avait servi alors et qui fut construit à l'aide d'un paravent, (emprunté alors, et cette fois encore au général Toppelius) recouvert de plaids qui en formaient les rideaux ; devant le cabinet, la même chaise sur laquelle Mme d'Espérance avait été assise pendant la séance, et dont le dessin exact est donné par M. Seiling (page 65). Des deux côtés étaient disposées à leurs places respectives toutes les chaises qui avaient été occupées par les membres du cercle.

De prime abord je fus frappé par un fait qui, malgré le dessin exécuté d'après des mesures exactes ne m'avait pas sauté aux yeux, et qui prouve qu'un dessin ne peut jamais remplacer une inspection sur place. Ainsi donc, la première chose qui me frappa ce fut l'exiguité du local où les quinze chaises des assistants trouvaient à peine place, se touchant l'une l'autre, et surtout l'absence d'espace entre la médium et ses plus proches voisins ; les genoux et les pieds devaient remplir tout ce qui restait de libre dans cet espace ; ce que M. et Mme Seiling, sur mes questions réitérées, m'affirmèrent effectivement et me démontrèrent sur place. C'est une circonstance d'une importance majeure, car elle écarte, de prime abord, la possibilité des manœuvres par lesquelles le général Sederholm veut expliquer le fait qui nous intéresse.

Bientôt après arrivèrent Mlle Hjelt et son amie Mlle Tavaststjerna.

Avant tout Mlle Hjelt procéda à la transformation de sa toilette et revêtit la robe blanche, façon princesse, qu'elle s'était fait confectionner à ma prière. Lorsqu'elle fut habillée, elle m'initia aux secrets de cette toilette et me fit comprendre pourquoi l'explication donnée par le général Sederholm n'était pas valable, c'est-à-dire pourquoi, en se plaçant derrière la chaise, on ne pouvait la recouvrir avec la jupe pour faire croire que la médium est toujours à sa place. Le fait est que cette robe ne se déboutonne, ni par devant, ni par derrière, mais qu'elle doit être enfilée par le haut, ne s'ouvrant par devant que jusqu'à la ceinture. En outre, cette robe nécessite un dessous complet en calicot presque collant auquel elle est cousue ; autrement le tissu extrêmement fin de la robe ne tiendrait pas. Voilà ce qui rend impossibles toutes les manœuvres supposées ; et voilà aussi comment les explications inventées à plaisir, sans investigation exacte de la chose, font bon marché d'un fait qui nous paraît invraisemblable.

Après cette petite leçon de toilette, d'un genre si nouveau pour moi, nous procédâmes à la répétition de la séance. Mlle Hjelt prit la place de la médium et les témoins leurs places respectives. M. Seiling à sa gauche, Mme Seiling à sa droite et Mlle Tavaststjerna à la gauche de M. Seiling (M. le capitaine Toppelius était absent d'Helsingfors). Ayant en main la description détaillée de la séance, faite par Mlle Hjelt, je commençai sa lecture. A mesure que je lisais j'interrogeais les témoins sur tous les incidents de la séance, complétant la description par une représentation figurée de tous les moments les plus intéressants et les plus remarquables.

Mlle Hjelt me donna, par réponse et par représentation, tous les détails avec une telle précision qu'il était évident qu'elle avait bien observé tout ce qu'elle reproduisit immédiatement à ma demande, et sans que sa mémoire la trahit en rien.

Son rapport sur cette séance se trouva exact en tous points ; je n'ai eu à y ajouter que les quelques petits détails qui se trouvent dans les notes. Ainsi, par exemple, en se plaçant derrière le rideau, et en mettant Mme Seiling à la place de la médium, Mlle Hjelt me reproduisit, avec une précision parfaite, l'incident de l'apparition de la main, arrachant le crayon et le papier des mains de la médium. Plusieurs fois je posai la question : « A ce moment avez vous bien vu la médium à sa place et ses mains tenant le papier » ? — A quoi Mlle Hjelt me répondait toujours par l'affirmation la plus complète. Cet incident est de la plus haute importance ; car, établissant le fait merveilleux et incroyable de la *matérialisation*, il implique la possibilité d'un autre fait, tout aussi merveilleux et incroyable — *la dématérialisation*. — Quand nous arrivâmes à ce dernier incident, Mlle Hjelt prit la place qu'elle occupait véritablement durant la séance, et me montra comment, poussée par une intense curiosité, elle s'était rapprochée à ce point de la médium qu'un demi-pied à peine l'en séparait, surtout lorsqu'elle inclinait la tête pour voir de plus près encore.

Je m'appliquai à établir quelle différence Mlle Hjelt avait pu remarquer dans l'aspect de la robe de la médium lors de la disparition de ses jambes, comme le témoignait Mme Seiling. Mlle Hjelt, étant assise à un autre angle que Mme Seiling, n'a pu naturellement voir le profil de la robe de la médium qui se dessinait nettement à la vue de Mme Seiling ; l'éclairage aussi venait en aide à celle-ci, tombant de côté, à angle droit, ce qui n'était pas le cas pour Mlle Hjelt qui avait devant elle le fond noir du cabinet.

Maintes autres questions que j'avais posées à Mlle Hjelt dans mes lettres, furent de nouveau réitérées et discutées.

Les trois autres témoins furent également interrogés chacun par moi, sur les incidents qu'ils avaient pu le mieux observer ; ainsi M. Seiling et Mlle Tavaststjerna, sur l'apparition de la main de leur côté — une main *droite* bien que du côté gauche de la médium, et à une hauteur prouvant qu'elle ne pouvait appartenir qu'à une figure humaine se tenant debout derrière le rideau, — Enfin M. Seiling le fut, bien entendu, sur l'incident de la dématérialisation qu'il avait pu observer tout particulièrement : je le priai de me montrer, sur la chaise même, de quelle façon il l'avait explorée sur la demande de Mme d'Espérance, et il me le montra comme cela est indiqué sur son dessin.

« Une chose manque à votre témoignage, dis-je à M. Seiling. Pourquoi ne vous êtes vous pas assuré, en posant la main derrière la chaise, que la médium ne s'y trouvait pas » ? — « Cette idée ne pouvait pas me venir en tête répondit M. Seiling, car, pourquoi serais-je allé chercher Mme d'Espérance derrière la chaise, quand je la voyais devant moi assise sur sa chaise ? N'oubliez pas que pendant ce temps j'ai une fois présenté à boire à Mme d'Espérance sur sa demande, ce qui me permit de m'assurer avec plus de certitude encore qu'elle était bien à sa place ? » — A ceci je ne trouvai rien à répondre. Mme Seiling, de son côté, fut minutieusement questionnée par moi sur les détails de son important témoignage qu'elle me confirma en tous points, et surtout sur ce détail « que la robe de la médium (la jupe), après avoir pendu verticalement sur la chaise, avait repris peu à peu les dimensions et les contours qui devaient correspondre à la réapparition des jambes et genoux ».

Bref, pendant quatre heures, j'ai fatigué ces quatre personnes avec ma lecture, mes questions et mes répliques et j'acquis la profonde conviction que tout s'était passé comme ces témoins me l'avaient attesté de prime abord.

Pour permettre à mes lecteurs de s'orienter plus facilement dans la description de cette séance, je priai les personnes de vouloir bien, après mon départ, se réunir encore une fois pour faire prendre les photographies des incidents les plus remarquables afin qu'elles pussent servir d'illustration à mon article. Grâce à leur obligeance cela fut fait.

La photographie n° 1 donne une idée générale de la chambre où la séance eut lieu ; on y voit dans le fond deux fenêtres, dont l'une avec le store levé et l'autre avec le store baissé ; entre les deux fenêtres, le cabinet (seulement ce n'est pas un cabinet identique, parce que le paravent qui avait servi à la construction de l'original et avait été emprunté d'abord pour la séance et ensuite pour sa répétition avec moi, avait été depuis rendu à son propriétaire ; mais ceci n'a aucune importance). Devant le cabinet, on voit la place qu'occupait la médium ; ici, c'est Mme Seiling qui la représente dans une robe identique à celle que portait Mme d'Espérance. Le moment choisi est celui où la médium tenait entre les mains une feuille de papier et un crayon, et où *une main* sortant de derrière le rideau, tout en haut du cabinet, descendit pour saisir ce papier et ce crayon. A droite, on voit M. Seiling à la place qu'il occupait lors de la dématérialisation ; à gauche, on voit Mlle Tavaststjerna, aussi à la place qu'occupait alors Mlle Hjelt qui, pour le moment, joue derrière le rideau le rôle de l'apparition. Celle-ci montre comment et à quelle hauteur apparut *la main*, ce qui est un détail important. Il faut excuser les défauts du voile, car on s'est servi tout simplement d'un drap blanc pour l'imiter. On voit en même temps à quelle petite distance de la médium étaient assises les personnes en question.

La photographie n° 2 a été faite expressément dans le but de montrer comment la tête et le buste de la médium se dessinaient sur le fond blanc du rideau, ce qui permettait à Mlle Hjelt d'observer, tout le temps, la position de la médium et les divers mouvements de son buste, surtout pendant la dématérialisation. Ici, le moment choisi est celui où une main se montra du côté gauche du cabinet, à la hauteur indiquée, et c'est, comme on peut le voir, une main *droite*, ce qui fut constaté par les shakehands qu'elle donna à M. Seiling et à Mlle Tavaststjerna, comme ils l'ont affirmé dans leurs témoignages respectifs. Sur cette photographie c'est Mlle Hjelt qui est assise à la place de la médium, tournant la tête vers l'apparition de la main comme elle l'a vu faire alors à Mme d'Espérance derrière le rideau ; c'est Mlle Tavaststjerna qui fait apparaître sa main *droite* (la manche de la robe est ici un accessoire tout naturel, comme on le comprend) ; à la gauche du cabinet est assis M. Seiling et auprès de lui Mme Seiling.

Après la répétition de cette séance, dans la matinée, il me restait encore à faire une répétition de la façon dont la chambre avait été alors éclairée, afin de m'assurer que les témoins en question ont pu effectivement voir tout ce qu'ils ont dit avoir observé.

Dans ce but nous nous rassemblâmes de nouveau chez M. Seiling, à 8 heures du soir, et j'eus le plaisir d'y rencontrer encore deux témoins de la séance : M. le général Toppelius et M. l'ingénieur Schoultz.

La tâche de reconstituer le degré identique de la lumière n'était pas aussi facile que notre tâche du matin.

Bien entendu, la même petite lampe fut placée dans la même niche du poêle, comme elle l'avait été alors ; mais, malheureusement, M. Seiling ne put se procurer du même papier rouge qui avait servi à amortir la lumière de la lampe. En conséquence, les opinions furent différentes : tantôt le papier employé donnait trop de lumière et tantôt trop peu.

Enfin nous parvînmes à atteindre un degré de lumière qui fut reconnu par tous comme représentant l'éclairage d'alors. M. Seiling affirma néanmoins qu'alors il faisait plus clair, car il y avait de la neige sur les toits, et son reflet arrivait dans la chambre par la fenêtre dont le store n'avait pas été baissé ; si bien qu'il pouvait voir l'heure à sa montre, ce qui prouve un éclairage satisfaisant.

Quoi qu'il en soit, je m'assurai que, même avec le degré de lumière que nous venions d'établir, M. Seiling pouvait voir, à un pied de distance, la médium assise devant lui, ce que je vérifiai en m'asseyant à la place de M. Seiling ; puis, passant de l'autre côté à la place qu'occupait alors Mlle Hjelt, je constatai qu'elle pouvait voir suffisamment, sur le fond blanc du store, les contours du buste de la médium assise entre elle et le store, et se rendre compte de ses mouvements.

Il ne faut pas perdre de vue que la faculté de vision dans l'obscurité varie assez souvent et acquiert quelquefois une intensité remarquable. J'ai connu une personne qui voyait si bien dans l'obscurité qu'elle pouvait voir une aiguille sur le plancher. Dans le cas présent Mlles Hjelt et Tavaststjerna ont, d'après ce qu'elles disent, la vue excellente. Je relevai à cette occasion quelques mots dans le rapport de Mlle Hjelt où elle disait qu'elle avait vu le bout des pieds de la médium réapparaître de dessous sa robe, et je lui demandai : « Comment avez-vous pu voir dans l'obscurité les pointes des souliers noirs de la médium ? » — « Je puis seulement dire, répondit Mlle Hjelt, que je les ai très bien vues. » — « Et, en ce moment, pouvez-vous voir les pointes de vos souliers » (elle était précisément assise sur la chaise et dans la position de la médium) ? — « Mais certainement, répondit-elle je les vois très bien. » Quant à moi, je ne pouvais les distinguer.

Je sais, par expérience, que dans les séances obscures, on peut seulement se rendre compte de ce qui se passe si l'on est assis à côté de la médium. Nous voyons combien le moindre éloignement joue un grand rôle dans le fait que le général Galindo, assis à la droite de Mlle Hjelt, et M. Schoultz à la gauche de Mlle Tavaststjerna, n'ont presque rien vu ou ont vu des choses leur paraissant suspectes, ce qui ressort surtout du témoignage de ce dernier qui n'a emporté de la séance en question que des impressions défavorables.

M. Schoultz ayant été parmi les cinq personnes qui avaient tâté la chaise de la médium, il était très important pour moi d'avoir son témoignage de vive voix ; aussi je le priai de m'expliquer et de me montrer avec précision comment il avait examiné la chaise. Il s'assit sur la chaise et, se mettant un peu de côté, saisit l'une de ses mains avec l'autre (comme l'avait fait la médium) et lui fit tâter l'espace libre du siège. De cette façon, il me démontra que la manière dont Mme d'Espérance lui avait permis de l'examiner ne prouvait absolument rien et en cela il avait parfaitement raison.

Comme il me fit, en outre, mention de plusieurs autres observations faites par lui pendant cette séance et qui lui paraissaient suspectes, je le priai de me donner son témoignage par écrit, sans aucune restriction. Nos lecteurs en ont déjà pris connaissance ainsi que des contre-témoignages auxquels j'ai dû nécessairement le soumettre. Ce témoignage, qui jette un doute sur les phénomènes et la médium, montre que les choses les plus simples peuvent, dans des séances de ce genre, sembler suspectes en l'absence d'une bonne lumière et si l'on ne se trouve pas à proximité des phénomènes. On ne peut vraiment pas exiger que la médium reste immobile, assise sur une chaise des plus incommodes durant une séance de deux à trois heures ; et cependant si elle change un peu de place, si elle arrange ses jupes, si elle étire ses membres fatigués, tout cela, à une certaine distance, avec une lumière très faible, éveille des doutes dont on ne peut se défendre.

J'ai déjà dit plus haut que *la valeur d'un témoignage* dépend beaucoup de la *valeur personnelle* de ceux qui le donnent ; c'est donc ici le cas d'exprimer l'impression très favorable que je rapportai des quatre témoins se présentant pour l'affirmation du fait extraordinaire qui nous occupe.

J'ai trouvé, en M. Seiling l'homme de science positive, prêt à étudier tout phénomène de la nature sans préjugé et sans parti pris. On a vu, par une note précédente, qu'il est professeur de technologie mécanique, et d'enseignement général des machines à l'école polytechnique de Helsingfors ; c'est donc un homme habitué, par profession à la précision mathématique, à la mesure exacte des choses, à l'observation et à l'étude des phénomènes de la nature au point de vue mécanique. Aussi fus-je étonné en voyant dans son cabinet de travail le portrait du philosophe Mainländer ; je le dis à M. Seiling qui me fit part de sa prédilection pour les doctrines de ce philosophe, dont il avait fait une étude spéciale publiée sous le titre : *Ein neuer Messias* (Munich 1888). Ainsi, même sous le rapport philosophique, la direction des idées de M. Seiling ne peut aucunement être considérée comme favorable au spiritisme, car Mainländer, comme panthéiste et disciple de Schopenhauer, est complètement opposé à toute doctrine acceptant la persistance du principe individuel après la mort. La participation de M. Seiling à des séances de spiritisme, pour la première fois de sa vie, n'a donc nullement été motivée par une prédisposition en faveur de ces doctrines et de ces phénomènes ; son témoignage n'a été influencé par aucun intérêt pour ou contre leur réalité.

Mme Seiling et Mlle Tavaststjerna doivent aussi être considérées comme d'excellents témoins : d'une éducation complète, d'un esprit positif et réfléchi, d'un caractère calme et sérieux, chacune de leurs paroles inspirait la plus grande confiance; elles racontaient froidement ce qu'elles avaient vu et observé, et on comprenait qu'il n'y avait là ni exagération, ni imagination, ni opinion préconçue.

Quant à Mlle Hjelt, il faut que je fasse faire à mes lecteurs plus ample connaissance avec elle. J'ai déjà dit plus haut, que je fus impressionné par l'exactitude avec laquelle Mlle Hjelt rendit compte de la séance en question. Sa connaissance personnelle ne fit que rehausser l'opinion que je m'étais faite d'elle. J'eus le plaisir de voir devant moi la vivante incarnation de l'intelligence humaine, active, pratique et saine ; et cette impression fut pleinement confirmée par les renseignements qui me furent donnés sur cette dame. Ce fut elle qui introduisit en Finlande la menuiserie pédagogique et qui ouvrit ainsi pour les femmes un nouveau champ de travail, celui de l'enseignement des travaux sur bois. Elle fonda, en 1885, à Helsingfors une institution pédagogique de travaux sur bois, et y admit les enfants et les adultes des deux sexes, pris dans tous les rangs de la société. De plus, elle fonda l'an dernier à Aggeby près d'Helsingfors, une usine à vapeur pour travaux d'ébénisterie. Cet établissement confectionne des meubles, des appareils de gymnastique, des outils, etc... On voit que Mlle Hjelt n'était disposée, ni par nature, ni par vocation, à se laisser entraîner vers le spiritisme avant d'avoir acquis des preuves indéniables.

Je considère surtout comme un fait important que ces quatre témoins avaient eu déjà, auparavant plusieurs séances avec Mme d'Espérance, car, lorsqu'on connaît le genre et le mode des manifestations auxquelles on assiste, on apprend à étudier leurs côtés faibles ou douteux et les points sur lesquels doit être concentrée toute l'attention pour arriver à une conclusion définitive.

Le jour suivant, j'allai rendre visite au général *Toppelius*, pour le remercier de l'aimable prévenance qu'il avait eue à mon égard, en me remettant dès le début les témoignages concernant ces séances, et pour lui poser encore quelques questions au sujet de Mme d'Espérance, qui, comme on le sait, demeurait chez lui. Je regrettai vivement que Madame, Mademoiselle et le capitaine Toppelius qui, tous avaient assisté à cette séance, fussent absents de Helsingfors. Je regrettai surtout de ne pas avoir trouvé le capitaine Toppelius, fils du général, l'un des plus importants témoins du phénomène de dématérialisation, comme l'atteste son témoignage sur cette question.

Là-dessus je me rendis chez le général *Sederholm*, dont j'avais déjà eu auparavant le plaisir de faire la connaissance.

Il y a quelques années, il m'avait fait l'honneur de sa visite, poussé par l'admiration que lui inspirait les œuvres de A. J. Davis et par le désir de me remercier de les avoir fait paraître en langue allemande. Ce qu'il y a de remarquable, dans le cas présent, c'est que Mme d'Espérance se rendit à Helsingfors à la suite de ses prières pressantes et répétées. Le général se rendit même en personne à Gothenbourg, pour l'engager à venir. Mais la perspective de donner des séances au milieu de personnes inconnues, très différentes et très peu versées dans le spiritisme, n'était pas faite pour l'engager à cette décision. Sans compter que cette absence de Gothenbourg qui devait lui prendre au moins un mois, (celui d'octobre ou de novembre) était fortement au détriment des affaires de commerce qui lui étaient confiées. Bref, Mme d'Espérance ne pouvait se décider à accepter cette invitation, lorsqu'un événement changea ses sentiments. Elle m'écrivit alors ce qui suit, le 26 août 95 :

« .:. Nous avons eu l'agrément, il y a peu de temps,

de recevoir la visite du général-major Sederholm. Il nous a été sympathique à tous et nous avons eu grand plaisir à sa visite, si courte qu'elle ait été. Il aurait désiré quelques séances, mais elles ne purent être organisées alors, personne n'étant à la maison et moi ne me trouvant pas très bien. Il nous a envoyé quelques livres qu'il a publiés sur des sujets spiritualistes et qui sont écrits en suédois. Cela a été pour nous tous une grande surprise de constater qu'il avait poussé si loin l'étude de la question, et j'ai été aussi fâchée que confuse de lui avoir refusé mon concours pour de plus amples recherches, lorsqu'il était ici. Je le regrette vraiment beaucoup et je tâcherai d'y remédier dès que je le pourrai... »

Un peu plus tard, le 27 septembre, Mme d'Espérance m'écrivait :

« ... L'époque de ma visite à Helsingfors n'a pas encore été fixée, et il m'est très difficile de me dégager. Pourtant j'ai le sentiment de n'avoir pas le droit de négliger une occasion favorable, d'agir pour la cause. Car je ne sais pas combien de temps je serai encore ici pour le faire et je serais très malheureuse si j'avais à me reprocher d'avoir moins fait que je ne le pouvais ».

Et enfin le 11 octobre :

« ... J'ai écrit, il y a un ou deux jours, à M. Sederholm pour lui dire que j'étais très peinée de lui avoir refusé mon aide, lorsqu'il a été ici, mais que j'étais maintenant à sa disposition. Ma conscience ne me laissait plus de repos »...

C'est ainsi qu'il arriva que Mme d'Espérance se rendit à Helsingfors et en fut récompensée par un article injurieusement insultant que le général Sederholm publia dans la plus grande Revue de Helsingfors où il donnait clairement à entendre que c'était bien Mme d'Espérance en personne qui remplissait le rôle des esprits. L'amour de la vérité aveugla même le général au point qu'il oublia les règles les plus élémentaires de la convenance, et qu'il jeta à la figure d'une femme de la plus haute distinction cette lourde injure avec son nom imprimé dans tous les journaux, sans prendre en considération que Mme d'Espérance ne fait pas profession de sa médiumnité et qu'elle était venue à Helsingfors, sollicitée par le général, pour donner à quelques personnes s'intéressant à la question quelques séances privées. Dans le fait M. Sederholm avait attendu toute autre chose de ces séances. Ébloui probablement par les nouvelles arrivées de Suède sur les merveilleuses séances que Mme d'Espérance avait données à Christiania il espérait obtenir les mêmes résultats, sans considérer toutes les peines préparatoires que le cercle de Christiania s'était données pour parvenir à ces résultats.

Rien de plus compliqué, de plus ténébreux, de plus

trompeur que ces phénomènes de matérialisation ! Seule une longue observation dans des conditions exceptionnelles, nous force à admettre leur réalité. Mais l'existence du fait est encore loin de son explication. Il faut une étude encore plus longue et en général une forte expérience personnelle en spiritisme, pour constater que la *mystification* nous suit là pas à pas, depuis le simple coup frappé jusqu'au phénomène compliqué de la matérialisation. Si les illusions et les déceptions ont été et sont encore le lot constant de la science humaine dans l'étude des phénomènes *physiques* de la nature, il faut reconnaître qu'il y a encore bien plus d'illusions dans le domaine des recherches *psychiques*. Pendant des milliers d'années nous avons cru au lever et au coucher du soleil ; mais combien de temps y a-t-il donc que nous l'avons compris ? De même en spiritisme... Nous voyons ces phénomènes depuis un demi-siècle et on les observera sans doute encore pendant bien des siècles ; mais quand les comprendra-t-on ?

Les spirites expérimentés deviennent, plus ils le sont, de plus en plus réservés sur la théorie et surtout sur la doctrine du spiritisme. Mais les néophytes, les simples de cœur, les déçus de la vie, les victimes des peines et des souffrances, qu'elle nous apporte, l'accueillent à bras ouverts. C'étaient également, dans ce cas particulier, les besoins du cœur qui poussaient surtout le général Sederholm à ces séances. Il cherchait une consolation, mais il ne voulait pas s'occuper d'une enquête sur le phénomène lui-même ; aussi sa déception fut-elle grande. L'honorable général s'attendait à voir de suite apparaître sa fille morte récemment, tandis qu'à sa place ne se montra que le double de la médium qui emprunta le nom de sa fille aînée. Les communications écrites chose si commune, si quotidienne en spiritisme, sont pleines de personnifications analogues. Le général avait très probablement déjà eu l'occasion de recevoir des communications de ce genre ; mais il n'avait pas jugé nécessaire de démasquer comme trompeurs les médiums qui les lui avaient écrites. Une mystification écrite ou une fausse apparence nous gêne moins qu'une mystification sous forme humaine.

Il semble que le général n'ait pas été du tout au courant de ce qui a été remarqué et publié par les spirites sur la philosophie des matérialisations qui, le plus souvent, représentent le double du médium. La forme matérialisée peut avoir la même apparence que le médium et ce ne sera point encore là une preuve de fraude de sa part. Le général ignorait cela ! Mû par un sentiment excusable, mais par une indignation inexcusable au point de vue d'une enquête sérieuse et prudente, il s'empressa de produire son article qui attaquait l'honneur de Mme d'Espérance. Cet article excita bien à Helsingfors la plus vive protestation de la part de ceux qui avaient eu l'occasion d'observer les faits en contradiction directe avec les accusations du général ; mais la protestation se localisa à Helsingfors, tandis que la calomnie se répandait dans le monde entier sans réplique. Lors de mon entrevue avec le général, j'eus l'occasion de me convaincre de son incompétence complète dans cette matière. Quand je lui eus expliqué en quelques mots la question de la matérialisation comme je l'ai fait au chapitre Ier et que je lui eus raconté ma rencontre avec Katie King, cela lui fit l'effet d'une révélation. Et pourtant, il déclarait avoir lu mon ouvrage *Animisme et Spiritisme !*

Là-dessus je me rendis chez le général *Galindo*, que je connaissais depuis plusieurs années. Il avait été mon compagnon de route lors de ma visite à Gothenbourg en 1890. C'était aussi un intérêt de cœur, un besoin de consolation et de secours dans les tristes épreuves de cette vie, qui l'avaient amené au spiritisme. Il assista à cette époque à quelques-unes de mes séances avec Mme d'Espérance, mais il n'y trouva pas ce qu'il cherchait. Comme il s'intéressait toujours à cette question, il prit part naturellement aux séances de Helsingfors. Le sachant observateur sceptique, mais d'un honnête scepticisme, je le priai de me tenir au courant de ce qui se passerait, c'est ce qu'il fit, mais il ne vit rien de satisfaisant, par suite du manque de lumière et même de l'obscurité complète que Mme d'Espérance avait eu la faiblesse parfois d'autoriser à la prière des assistants pour donner plus d'intensité aux phénomènes, phénomènes qui du reste étaient rien moins que favorisés par l'élément discordant de toutes sortes de néophytes. Lorsque j'interrogeai M. Galindo sur la séance en question, il me répondit qu'il y faisait trop sombre pour qu'il ait pu voir quelque chose. Comme il exprimait aussi divers doutes, je l'engageai à me donner son témoignage écrit sans aucune réserve; mais, comme on voit, il n'en a rien fait.

Pour compléter mon enquête il ne me restait plus qu'à rendre visite à quelques témoins, et spécialement à ceux qui faisaient partie des cinq qui avaient examiné la chaise. — C'étaient M. Hertzberg et Boldt. Grâce à la complaisante entremise de M. Seiling, ces deux Messieurs eurent la bonté de venir me trouver encore le même soir à l'hôtel. M. et Mme Seiling, Mlles Hjelt et Tavaststjerna eurent l'amabilité de se joindre à nous et, ainsi réunis, nous examinâmes encore le pour et le contre de ce fait si extraordinaire.

Sur ma demande M. *Hertzberg* me montra sur une chaise la manière dont il avait palpé la chaise sur laquelle se trouvait Mme d'Espérance au moment de sa dématérialisation. Il dirigea ses mains sur tout le siège, même jusqu'au dossier; et comme, n'en croyant pas mes yeux, je répétais ma question : « Quoi! Etes-vous sûr d'avoir été avec vos mains jusqu'au siège? » il répondit : « Oui très-exactement comme je viens de vous le montrer ».

— « Et est-ce vous qui avez donné à boire à Mᵐᵉ d'Espérance pendant le phénomène ? »

— « Oui ».

— « Avez-vous vu sa tête, ses bras, son buste, comme s'ils appartenaient à une personne assise sur la chaise? »

— « Oui, certainement ; mais pour dire vrai, je n'ai pas observé le fait avec l'attention critique qu'il méritait ; représentez-vous que j'étais à ce moment sous l'impression (on le comprendra facilement), que tout cela ne pouvait être sérieux ».

— « Et ne vous êtes-vous pas assuré en mettant votre main derrière la chaise, qu'il ne se trouvait pas quelqu'un là, derrière ? ».

— « J'ai bien pensé que j'aurais dû le faire, mais précisément pour la raison déjà indiquée je ne l'ai pas fait ».

Dans un long entretien que j'eus encore avec M. Hertzberg il me donne d'intéressants détails sur les séances de Mᵐᵉ d'Espérance auxquelles il avait assisté. Plusieurs phénomènes étaient aussi extraordinaires que décisifs, car il avait réussi à constater la simultanéité des phénomènes et de la présence de la médium. D'autres lui parurent de nouveau douteux ; par exemple, lorsqu'il réussit avec sa main à constater l'absence du corps de la médium sur la chaise où il aurait dû se trouver. Mais maintenant, ajoutait-il, certaines réflexions le forçaient à conclure que cela pouvait ne pas être encore une preuve de fraude de la part de la médium.

M. Boldt ne put me donner de témoignage certain, car il n'avait touché la chaise que hâtivement et partiellement. Tout ce qu'il put me dire c'est que rien dans la tenue de la médium sur sa chaise ne lui avait paru irrégulier.

Je ne suis pas arrivé à rencontré *M. Lönnbom*, mais je priai M. Hertzberg qui l'avait introduit à cette séance, de le décider à me donner un témoignage par écrit. Mais comme on l'a vu, nous n'avons pas à relater un succès.

Le lendemain je rentrai à Saint-Pétersbourg, très content du résultat de mon enquête et me félicitant que mon état maladif m'eût laissé quelques jours de répit pour la mettre à exécution.

Quelle conclusion dois-je tirer de tout ce qui précède? Pour répondre à cette question résumons les raisons invoquées pour et contre l'authenticité du phénomène en question.

1° La première objection est que c'est Mme d'Espérance *elle-même* qui a dirigé les mains qui ont tâté la chaise et qu'ainsi l'examen n'a pas été libre.

Cette objection est sans doute sérieuse. Mais mettons-nous un moment à la place de Mme d'Espérance et admettons l'authenticité du phénomène. Peut-on se trouver pendant ce temps dans un état normal? L'imprévu, l'étrangeté du phénomène et la peur, devaient plonger son esprit dans une horreur et un trouble indicibles; c'était une question de vie ou de mort. Aussi, comprenons-nous très bien l'état de surexcitation nerveuse et de terreur par lequel Mme d'Espérance déclare avoir passé et que vraiment « en cet instant elle ne songeait pas trop à ce qu'elle faisait ». Et si, d'une part, nous prenons en considération la terrible douleur éprouvée par Mme d'Espérance au moindre attouchement de « ce qui pouvait bien être une partie de son corps » (douleur qui lui faisait faire la comparaison que ses nerfs étaient à nu et touchés brutalement), et, d'autre part, la situation délicate et difficile pour une dame qui engage des Messieurs à s'approcher et à constater la disparition de ses genoux et de ses cuisses, nous trouverons bien naturel que Mme d'Espérance ait pris leurs mains pour leur faire tâter la chaise sur laquelle elle était assise. On est confondu qu'elle ait eu encore assez de présence d'esprit pour comprendre toute l'importance du phénomène et qu'elle ait songé à le faire constater autant que possible.

Quoiqu'il en soit cette objection tombe devant l'affirmation certaine de deux témoins, M. Seiling et M. Hertzberg qui, quoique leurs mains aient été tenues par celle de Mme d'Espérance, ont examiné toute la surface du siège, même jusqu'au dossier.

2° La deuxième objection est que aucun des témoins ne s'est assuré par le toucher ou la vue qu'il n'y avait personne derrière la chaise de la médium, durant la disparition des pieds.

L'objection est sérieuse, mais complètement réfutée par les témoignages concordants de *six personnes*, dont deux, (M. Seiling et M. Hertzberg) assurent avoir bien vu Mme d'Espérance sur sa chaise pendant qu'ils faisaient leur examen, et une (le capitaine Toppelius) affirme que non seulement il a vu toute la partie supérieure du corps de la médium sur la chaise, mais encore qu'il l'a tâté avec ses deux mains depuis les épaules jusqu'en bas « des deux côtés en descendant. » Que veut-on de plus évident ? Nous avons encore les témoignages de trois observateurs, Mme Seiling, Mlle Hjelt et Mlle Tavaststjerna, qui certifient avoir vu la médium durant toute la séance *sur sa chaise* et spécialement pendant la dématérialisation ; qui ont en outre remarqué que la robe pendait verticalement contre la chaise, et qu'elle s'était ensuite remplie de nouveau, sans que la médium bougeât de sa place. Les témoignages de ceux qui n'ont rien vu de tout cela, ne peuvent pourtant en, aucun cas, diminuer les attestations si certaines et si explicites de ceux qui ont vu.

La 3ᵉ objection pourrait être qu'une pareille disparition de la moitié d'un corps vivant où auraient disparu pour tout un quart d'heure la chair, les os, le sang, est une impossibilité, une anomalie, une absurdité. Comment l'autre moitié du corps aurait-elle pu vivre, parler, boire de l'eau dans un tel état, etc., etc?

Je comprends parfaitement la force de cette objection et tout ce qu'il y a d'extraordinaire physiologiquement à admettre un pareil phénomène. Mais, au point de vue ordinaire, *tous* les phénomènes du spiritisme sont des impossibilités et, comme on se plaît à le répéter, en opposition directe avec les lois éternelles de la nature. Les mouvements spontanés d'objets, l'apparition momentanée d'une main tout à fait plastique... ce sont pourtant de pures absurdités, de pures impossibilités. A cela le spiritisme ne peut rien répliquer, si ce n'est que ce sont des faits constatés par des milliers de personnes et qu'il faut les étudier.

Pour le cas présent, la seule objection sérieuse, c'est que le fait est unique. — Cela est vrai et il est très désirable qu'il soit possible de l'examiner encore plusieurs fois.

Après ces objections que je considère comme suffisamment réfutées, il faut que je présente encore les réflexions suivantes *en faveur* du phénomène.

1° Un point de grande importance, à mon avis, est la concordance de ce phénomène avec la théorie spirite générale sur les phénomènes de ce genre et, en général, avec les faits spéciaux et les hypothèses que j'ai déjà développés. Si Mme d'Espérance s'était simplement permis une plaisanterie, il aurait pu se faire qu'elle ait été en contradiction avec toutes les observations et spéculations spirituelles antérieures. Son miracle n'eut donc été ni historiquement ni logiquement soutenable, et elle-même se serait rendue ridicule. Ledit phénomène devait se trouver dans la « ligne de prolongation » du principe, ainsi que s'exprime M. du Prel ; et cela est, en effet, le cas.

2° Dans la circonstance actuelle, la meilleure preuve de l'entière bonne foi de Mme d'Espérance réside dans le fait que, se méfiant d'elle-même, craignant une illusion de ses sens, elle ne s'empresse pas de crier au miracle. Ce n'est pas elle qui s'écrie « je n'ai plus de jambes » comme le prétend M. Schoult, mais elle appelle aussitôt M. Seiling, sans rien faire connaître de ce qui s'est produit et le prie de bien examiner la chaise et de lui dire si réellement elle est assise dessus. En faisant de cette manière connaître de suite — ce qui est très important, — le fait qui, pour elle, était un phénomène réel et qui, maintenant, semble aux autres un tour d'adresse, *en le faisant examiner au moment où il s'est produit*, elle s'était mise à la merci des autres, avait brûlé ses vaisseaux. Car certainement, si elle avait voulu jouer un tour d'étourdie ; si elle avait pu, à force d'adresse acquise, se placer derrière la chaise sans être remarquée, au moment où l'attention de personne n'était portée de ce côté (comme l'a déclaré M. Sederholm), elle aurait compris qu'après avoir attiré l'attention de tous les assistants, et spécialement des personnes les plus rapprochées d'elle, sur elle-même, son retour sur sa chaise sans que personne le remarquât, était une impossibilité. Si elle avait voulu plonger le monde dans la stupeur par ce miracle, par ce petit tour, elle se serait absolument démasquée elle-même.

3° Mon enquête sur place m'a procuré entre autres choses un témoignage qui, quoique muet, est très éloquent contre l'exécution d'un pareil tour. Ce sont les conditions purement physiques de l'emplacement où un pareil tour aurait dû être exécuté. De fait, les voisins de droite et de gauche se trouvaient si rapprochés de la médium que son passage pour se placer derrière la chaise sans heurter les pieds des voisins était *matériellement impossible*. En outre, la médium aurait dû se lever de son siège pour opérer le changement de position en question ; et les témoins sont unanimes sur ce point que la médium n'a jamais quitté la position assise qu'elle avait prise dès le début de la séance — ce qui eût été facilement remarqué, surtout à proximité, à cause du vêtement blanc de la médium.

4° Je ne puis passer ici sous silence une observation

personnelle, mais qui est pour moi de grande importance.

Il est certain, si extraordinaire que cela paraisse, que Mme d'Espérance ne boit jamais d'eau, ni pendant, ni en dehors de ses repas. Elle ne boit qu'aux séances de matérialisation, et alors beaucoup. Je le savais parce qu'elle m'en avait fait part et aussi par mes observations au temps où elle a demeuré chez moi. Bien des gens savent qu'une carafe pleine d'eau est nécessaire pour ses séances. Bien des gens aussi savent que précisément quand la séance est bonne, quand les matérialisations sont en train, Mme d'Espérance boit beaucoup, et, en général, après chaque apparition d'une figure entièrement formée; mais peu de gens savent que, hors de ces circonstances, elle ne boit jamais d'eau. — Pour moi je vois dans le fait que, précisément pendant le quart d'heure où l'on annonça la disparition partielle de son corps, elle but de l'eau, la preuve qu'il se produisait à ce moment un processus de dématérialisation. Car il est clair que cette dématérialisation de son corps est un phénomène concomitant habituel des matérialisations qui se produisent à ses séances, mais dont elle ne se rend pas compte généralement, et que cette soif intense, précisément pendant ce phénomène, est motivée par l'énorme perte de fluide vital qui, probablement, a lieu dans son corps.

5° Enfin, devons-nous négliger l'état de tension nerveuse pleine de terreur et de souffrance, dans lequel se trouvait Mme d'Espérance pendant ces événements, dont elle nous parle elle-même et que confirment ceux qui l'ont examinée de près; de même que son état d'extrême prostration tout de suite après la séance, qui a tant frappé le général Sederholm? N'était-ce aussi qu'une comédie bien jouée? Et dans quel but? Les matérialisations ne sont pas, en temps ordinaire, accompagnées de douleurs. Mon avis est qu'on ne peut lire le témoignage si simple de Mme d'Espérance sans avoir l'impression qu'il est sincère. Et quand elle dit : « ma nervosité et ma crainte augmentaient chaque minute, à tel point, que je me trouvais terriblement mal à mon aise », j'en suis très convaincu.

Pendant mon long séjour à Gothenbourg, j'ai appris à connaître Mme d'Espérance comme une femme profondément sincère et véridique ; aussi n'ai-je pas la moindre raison de mettre en doute ce qu'elle dit sur ce cas extraordinaire.

Ecrivant ceci un an après l'événement je ne puis plus ignorer les suites fâcheuses que cet événement a eues sur sa santé en général et sur ses facultés médiumniques en particulier ; à tel point que toute trace de médiumnité, jusqu'à la simple écriture, disparût complètement en elle. Pendant trois mois, plus rien ; elle dût croire qu'elle l'avait perdue à tout jamais. L'ébranlement des nerfs avait été si grand que Mme d'Espérance n'avait pu, durant tout ce temps, retourner aux affaires qu'elle avait quittées pour se rendre à Helsingfors; le plus petit travail intellectuel dépassait ses forces.

Son séjour en Bavière semble la rétablir; mais, à peine est-elle de retour à Gothenbourg, que la prostration la reprend. Tout cela n'existe pas pour MM. Sederholm et compagnie : Mme d'Espérance est revenue et repartie; le phénomène en question n'est qu'un habile tour d'adresse dont on se souvient pour en rire. Mais, pour Mme d'Espérance les suites premières de ce soi-disant tour d'adresse sont une triste et longue réalité; quant à moi, tenu au courant des tortures qu'elle a endurées, je ne saurais les passer sous silence et je vois en elles la preuve la plus positive que le fait en question était tout autre chose qu'une plaisanterie.

Maintenant, en faisant la somme des données *contre* le phénomène et *en sa faveur*, je suis obligé de conclure que le *pour* l'emporte sur le *contre* et que ce phénomène a véritablement eu lieu.

Je comprends très bien qu'un pareil fait semble fabuleux, incroyable, *même pour nous autres spirites*, sans parler de ceux du dehors qui me tiendront de toute manière pour fou; mais si nous admettons le phénomène des matérialisations — et ceci est un fait indiscutable pour nous — le phénomène de la dématérialisation en est la suite logique indéniable.

Mes spéculations du chapitre premier, à propos de l'apparition de Katie King, me semblent parfaitement logiques et acceptables et donnent la clef de la possibilité logique du phénomène en question. Mais pourquoi nous répugne-t-il donc tant? Parce que un phénomène extraordinaire est toujours plus acceptable sous forme de désidératum logique, que lorsque nous le voyons de nos yeux et que nous le touchons de nos propres mains.

CHAPITRE IV

EXTRAITS DES LETTRES DU MÉDIUM CONCERNANT SON ÉTAT APRÈS LA SÉANCE D'HELSINGFORS

Je considère comme opportun, de communiquer à l'appui de mon dire quelques-uns des extraits suivants tirés des lettres de Mme d'Espérance à mon adresse; on y reconnaîtra, comme dans un miroir, l'image fidèle de son état physique et moral durant cette dernière année.

Gothenbourg, 7 janvier 1894.

« .... Les séances à Christiania, dont je vous ai parlé (1), ne sont pas encore en train, car ma mé-

---

(1) Une nouvelle série devait commencer le 12 janvier 1894, d'après une invitation acceptée auparavant par moi.   A.A.

diumnité n'est pas encore revenue depuis la dernière séance en Finlande, et je crois que, pour bien des gens, il serait préférable qu'elle ne revienne pas, puisqu'elle est, pour beaucoup, une cause de si grands troubles et de si grande indignation.

« Pour moi cela n'a pas d'importance, car je n'ai personne qui dépende de moi ; mais toute cette publicité dans les journaux et ces articles malveillants jettent aussi un soupçon sur ceux qui me défendent. M. Fidler (1) et sa famille sont englobés dans la colère et les injures qui, en réalité, me sont destinées. Non seulement cela les peine, mais encore cela leur porte un préjudice pécuniaire à cause de l'antipathie que beaucoup éprouvent à continuer des relations d'affaires avec des gens si intimement liés à une fourbe telle que moi.....

« Je me suis très bien portée depuis que je suis de retour de Finlande. La singulière sensation d'une perte dont je ne puis me débarrasser m'inquiète et m'oppresse. Je ne sais ce que j'ai perdu, sinon ma médiumnité ; mais c'est un sentiment déprimant et singulier. Je pense toujours encore qu'elle reviendra ; peu importe que je le désire ou non !...

Gothenbourg, 30 janvier 1894.

«...... Non ! Ma médiumnité n'est pas revenue ! J'ai

(1) M. Fidler est le chef de la grande maison de commerce où Mme d'Espérance était employée à Gothenbourg.

tenté plusieurs expériences, pour en faire l'épreuve ; plus par devoir que pour toute autre cause, car elle ne semble rien apporter de bon à personne, en compensation de la grande quantité d'ennuis qu'elle occasionne à chacun.

« C'est peut-être dommage que les séances à Christiania soient tombées ! Si jamais je suis en état de le faire, je tiendrai la promesse que je leur ai donnée ; mais peut-être cela vaut-il autant ainsi.

« ..... J'espère que vous serez en état d'obtenir une confirmation complète et satisfaisante des résultats de la dernière séance à Helsingfors ; car ce serait trop fort si j'avais perdu ma médiumnité ainsi que ma santé sans aucun résultat. C'est, à mon avis, le fait d'avoir autorisé tant de gens à m'examiner qui a ébranlé tout mon système nerveux et a amené la perte de toutes les deux....

« Je ne puis dire que je suis malade et pourtant je ne suis pas non plus bien portante et j'ai toutes les peines du monde à faire n'importe quoi exigeant la plus légère réflexion. Je pourrais rester des heures entières à ne rien faire du tout, si cela m'était permis ; mais il y a trop à faire pour se permettre de pareilles vacances..... »

Gothenbourg, 6 février 1894.

« ..... J'espère que vous tirerez jusqu'à un certain point la dernière séance au clair. Je ne crois pas avoir jamais déployé tant de peine et de zèle pour obtenir qu'un phénomène soit convenablement confirmé, que je ne l'ai fait pour ce dernier. Et comme je sais quelle difficulté on a eu à obtenir la confirmation exacte d'autres choses au sujet desquelles il ne pouvait y avoir de doute, je serais étonnée si cela était si facile. Dans tous les cas, je regretterai toujours que cela ait eu lieu au milieu de néophytes tels que ceux de Helsingfors. — Il ne se montre encore aucun signe de ma médiumnité..... »

Gothenbourg, 4 mars 1894.

«..... Vous aurez quelque intérêt à apprendre que j'ai été, il y a une semaine, à une séance chez M. Nordmark, président de la société psycho-physique. Il y a eu là plusieurs preuves que ma force médiumnique était revenue jusqu'à un certain degré ; nous eûmes une communication par coups frappés, qui s'est confirmée depuis ; quelque chose de semblable au cas Stromberg..... (1) ».

Gothenbourg, 5 mai 1894.

«..... Ma médiumnité semble revenir avec l'état plus satisfaisant de ma santé ; une séance a été organisée

(1) Voir *Psychische Studien*, livr. de janvier 1892.

dans la maison de M. Nordmark à 10 heures du matin. Elle a pleinement réussi..... ».

Partenkirchen (Haute-Bavière) 6 avril 1894.

«..... Vous serez étonné de recevoir une lettre de cet étrange coin du monde... Une de mes très chères amies, la baronne de Z., désirait depuis longtemps que je vienne chez elle ; mais je n'étais pas assez bien, pour me mettre plutôt en route ; dès que je me sentis assez rétablie, elle vint me prendre et nous voici arrivées ici.....

« Je n'ai donné mon adresse à personne, parce que je voulais éviter d'être sollicitée pour des séances. Je ne suis, pour l'instant, qu'une femme peintre, jusqu'à ce que mes forces soient tout à fait revenues. Et, comme je sais que ma médiumnité n'est pas perdue, je puis patiemment attendre et la laisser se remettre du choc qu'elle a reçu..... »

Partenkirchen, 26 avril 1894.

«..... Je me sens de nouveau très bien et assez forte ; peut-être était-ce seulement la forte chaleur que nous avions, qui m'avait rendue si faible..... »

Gothenbourg, 23 janvier 1894.

«..... Je suis rentrée depuis un mois pour permettre à la caissière de la maison de prendre ses vacances.

« Je suis maintenant très à mon aise ; le séjour en Bavière a fini par faire bon effet, quoique au début il ait plutôt paru énervant..... »

Gothenbourg, 20 octobre 1894.

« ..... Lorsque je vous écrivais que je me trouvais très bien, cela était un peu prématuré, car j'étais à peine rentrée que je commençai à sentir la faute que j'avais commise en quittant sitôt le district des Alpes. En effet, lorsque je me mis à reprendre le train accoutumé, je m'en sentis tout à fait incapable et, jusqu'à présent, je n'ai pas encore été en état de le faire. Aujourd'hui je quitte pour la première fois le lit depuis le commencement de septembre. Mon docteur vient de me dire aujourd'hui que je ne pouvais pas rester en Suède cet hiver, mais que je devais aller aussi vite et aussi au Sud que possible. Ceci est une déception pour moi ; je désirais tant reprendre mon travail..... »

Villa Clarenzia, Montreux (Suisse) 29 décembre 1894.

« ..... Me voici en Suisse et je tâche de me guérir ; non pas que je sois très malade, mais une bagatelle m'agite et m'énerve complètement.

« ..... Oui, ce sont les suites de cette séance qui m'ont abîmée pour toute cette année. Tout le système nerveux souffre ; quand je me refroidis légèrement ou que je ne suis pas très exactement mon régime, j'en suis réduite au lit. Je me sentais tellement mieux, cet été après mon long congé, que je retournai au travail; mais après quelques jours d'essai je compris que j'étais aussi peu bien que jamais auparavant et que j'étais tout à fait incapable de quoi que ce soit exigeant la pensée. Je fus forcée de mettre ma peinture absolument de côté... A part cela je vais assez bien; j'ai suffisamment d'appétit et de sommeil, et peux me promener.....

«..... Mes cheveux n'ont pas repris leur couleur naturelle (1). Sur tout le front et la partie supérieure de la tête ils sont presque blancs, le reste est noir ; seulement, je crois que les nouveaux cheveux, qui poussent lorsque les blancs tombent, sont foncés : mais ils deviennent blancs dès que je souffre de maux de tête nerveux que je prends à la moindre occasion..... »

(1) Ils avaient blanchi à la suite de la séance d'Helsingfors. Voir *Psych. Stud.*, liv. d'oct. 1894. — A.A.

CHAPITRE V

DÉCLARATION PERSONNELLE DU MÉDIUM SUR SON ÉTAT PENDANT UNE SÉANCE DE MATÉRIALISATION

MADAME d'Espérance est, autant qu'il m'est connu, le seul médium qui ne tombe pas en transe dans ses séances de matérialisation.

C'est le résultat d'un pacte conclu avec les puissances invisibles lorsque ses capacités médiumnistiques pour les matérialisations furent découvertes; ce qui arriva, comme me l'a raconté Mme d'Espérance elle-même, tout à fait par hasard, et de la façon suivante :

Un jour qu'elle se trouvait en visite chez une amie (1), Miss Fairlamb (à présent Mme Mellon), qui

---

(1) A Newcastle (Angleterre), vers 1878.

était déjà connue comme médium à matérialisations, elle fut retenue plus longtemps que d'habitude par suite de l'impossibilité de trouver une voiture. Mme d'Espérance ne croyait pas encore alors aux matérialisations, bien qu'elle ne doutât aucunement de la bonne foi de son amie. Pour passer le temps, et s'amuser un peu, Miss Fairlamb proposa à Mme d'Espérance de s'asseoir elle-même, seule, dans le cabinet qui était installé pour les séances. A peine Mme d'Espérance s'y était-elle installée, tout en riant, qu'une *forme apparut*....... Naturellement, on ne la laissa alors plus en repos. Mais, sachant combien souvent les médiums sont accusés de jouer eux-mêmes le rôle des esprits, et à quels désagréments ils sont exposés, elle n'accepta de reprendre sa place dans le cabinet *qu'à une condition* : c'est qu'elle ne tomberait pas en transe, mais qu'elle conserverait tout le temps sa pleine connaissance, si, toutefois, « les esprits » pouvaient opérer dans ces conditions. Ils répondirent que c'était possible et lui promirent de ne jamais la mettre en transe. De cette manière, elle se croyait assurée qu'on ne la laisserait pas jouer inconsciemment le rôle d'un esprit. Aussi fut-elle plus tard épouvantée et désespérée d'avoir été, pour ainsi dire, victime d'une illusion, quand elle sût que, se trouvant assise dans le cabinet, et ayant toute sa connaissance, son corps pouvait être conduit au dehors et jouer le rôle que lui imposaient les invisibles (1). Ce fut pour elle une révélation ; et, dans la suite, elle n'accepta de séances qu'à la condition d'avoir la permission de s'asseoir devant et *en dehors* du cabinet.

Mais tous ces renseignements ne sont qu'un résultat secondaire de la visite que je fis à Helsingfors, en 1890 (2). Ce qui me parut d'un intérêt capital ce fut de tirer parti de cette particularité, tout à fait extraordinaire de pouvoir questionner un médium sur son état physique et moral pendant une séance de matérialisation. Mme d'Espérance y consentit de la plus aimable façon ; je posai mes questions, et M. Fidler sténographia les réponses. Il en résulta les questions et réponses qu'on trouvera plus loin.

Dans l'embarras où je me trouvai alors de concilier ce complet dédoublement du corps de la médium, cette complète extériorisation, (selon le langage de l'hypnotisme actuel) avec la conviction de la médium qu'elle ne quittait pas sa place dans le cabinet, je m'étais décidé à ne pas encore publier ces réponses. Aujourd'hui, après le phénomène arrivé à Helsingfors, phénomène qui peut servir d'exemple comme une « démonstration *ad oculos* » de ce qui peut se produire à un degré bien

---

(1) Voir les dernières pages du chapitre premier.
(2) Voir *Psych. Stud.* Livr. d'août 1890, p. 385 ; de novembre 1890, p. 497 ; de décembre 1891, p. 546-552 ; de janvier 1892, p. 5 ; de mars 1895, p. 123.

plus élevé dans cette phase de phénomènes médiumnistiques, je me sens autorisé à publier les matériaux suivants dans la persuasion qu'il arrivera un temps où ils seront jugés à leur valeur véritable.

1. — Questions de M. Aksakow et réponses du médium.

1ʳᵉ Question : — Que sentez-vous corporellement et moralement lorsque vous êtes assise dans l'obscurité du cabinet et que les manifestations commencent?

Réponse : — D'abord, lorsque je m'assieds et que le rideau a été fermé, je sens que je désire savoir si tous les assistants se trouvent exactement à leurs places. Aussi longtemps que je puis voir les assistants, je ne sens pas que les esprits essaient de m'utiliser; lorsque les rideaux sont fermés, mon attention se trouve à l'ordinaire fixée sur les assistants, afin d'avoir la sensation que tout est en règle avec eux. D'habitude, j'éprouve une espèce de trouble, et je sens que tout devrait être en ordre avec les assistants avant que je m'asseye, afin de n'être point obligée de m'occuper d'eux. Je me sens toujours agitée par une apparente confusion; tant qu'elle ne se trouve pas écartée, je ne suis pas assez tranquille pour que n'importe quelle manifestation puisse se produire.

Quand tout est calme, je sens que je ne me soucie plus de rien, pas même de moi ; et, plus longtemps je suis en séance, moins je suis inquiète. Lorsque je fais la remarque « qu'il y a quelqu'un dans le cabinet », cela arrive, parce que je considère comme mon devoir d'en avertir les personnes présentes, et non pas parce que cela a un intérêt quelconque pour moi.

Il semble que si l'un des assistants sortait du cercle, la chaîne se trouverait interrompue et que cela arrêterait les manifestations. A la dernière séance, j'ai senti que quelqu'un s'était fait du mal ; mais je ne savais pas jusqu'à quel point, ni qui c'était.

La première sensation que j'éprouve lorsque je suis assise dans le cabinet et que tout est calme autour de moi est celle-ci : J'ai l'impression que ma figure et mes mains sont comme entourées de toiles d'araignées et je frotte aussitôt ma figure et mes mains. Cette impression passe ; alors je sens comme si l'air se remplissait de substances et j'éprouve de la peine à respirer. Cela passe encore, et je sais alors qu'une figure se forme.

Le commencement des manifestations est cette sensation de toiles d'araignées ; elle ne revient plus dans la suite de la séance, sauf lorsque celle-ci est interrompue ; dans ce cas, cette sensation semble se renouveler. Quand les séances ne réussissent pas, je remarque que ces toiles d'araignées se trouvent là, tout le temps ; mais avec cela, il n'y a assurément ni voiles, ni formes, ni même de fils. Lorsqu'un peu de lumière arrive au travers des rideaux, je puis voir la masse blanche et vaporeuse se mouvoir comme la vapeur d'une locomotive. J'ai souvent introduit ma main dans cette vapeur pour la sentir et l'examiner, mais je n'ai jamais pu dire que j'avais la sensation de toucher quelque chose. Il n'arrive pas souvent que je voie cela, et j'ai eu seulement, dans de très rares circonstances, la curiosité d'examiner cette vapeur mouvante : non parce que cela m'intéressait particulièrement, mais parce que cela pouvait intéresser les autres. Après que cette masse de vapeur s'est agitée et roulée dans tous les sens, durant quelques minutes, parfois aussi une demi-heure, elle s'arrête tout à coup, et je sais qu'un être vivant est à côté de moi. La vapeur peut aussi ne se produire qu'un seul instant, et aussitôt la forme est là.

J'éprouve toujours un sentiment de vide qui commence dès que je sens les toiles d'araignées ; je ne le remarque qu'au début, et ne ressens plus rien plus tard, mais il me semble avoir conscience que cette impression reste la même.

Lorsque je cherche à bouger, je ne me rends pas compte de l'éloignement ; je ne puis dire jusqu'où je bouge mon doigt; ou, si je le remue, je ne puis indiquer où il s'arrêtera, ce qui peut se comparer à l'impression que nous font les mouvements dans l'eau.

Les lois de la pesanteur semblent être supprimées. Je sais que je deviens, en quelque sorte, toujours plus inerte, et quoique l'espace entre moi et l'extrémité du cabinet soit très petit, il me semble que celui-ci a disparu, et qu'il n'y a plus de limite.

Lorsque Yolande (1) vient, elle semble arriver de très loin.

2° *Question* : — Avez-vous remarqué ce qui est matérialisé en premier : le corps ou les voiles ? — Avez-vous jamais remarqué ou supposé que Yolande s'habillait elle-même ? — Avez-vous observé si, pour son habillement, elle prenait quelque chose de vos vêtements ?

Réponse : — Lorsque la vapeur se transforme en un être vivant, je ne puis jamais dire qui, de la forme ou de sa draperie, se trouve formée en premier. Toute la transformation semble être si précipitée qu'il est difficile de dire ce qui paraît d'abord, le corps ou son vêtement. — Yolande vient presque toujours de suite auprès de moi dès qu'elle est matérialisée. Lorsqu'elle arrive, je me sens toujours un certain intérêt pour elle, bien que je n'aie pas souvent l'occasion de la voir. C'est, en quelque sorte, une surprise quand elle vient, soit parce que je ne perçois aucune limite à l'endroit

---

(1) Yolande est le nom donné à la forme matérialisée qui apparaissait alors habituellement. A.A.

où je suis assise, soit parce que son apparition semble venir d'un grand éloignement ; c'est pour cela que je m'y intéresse.

J'ai posé ma main sur elle et touché ses cheveux, mais je n'ai jamais eu la curiosité de les examiner attentivement. Lundi, elle posa sa tête sur mes genoux et je sentais ses cheveux sur mes mains ; ses épaules et ses bras étaient nus. Autant que je puis le savoir, elle n'a jamais rien pris de mes vêtements pour s'en revêtir. Dans une occasion, Mme Fidler fit la remarque que Yolande avait une garniture de jupe qui ressemblait presqu'entièrement à la mienne; mais cette garniture, fut examinée attentivement, et on reconnût qu'elle paraissait avoir été lavée, pliée et mise de côté pendant quelque temps. Depuis cette époque, j'ai toujours fait en sorte de mettre des garnitures sombres à ma jupe, lorsque je devais avoir une séance, parce que Yolande portait toujours des voiles blancs.

Lorsque *Leila*(1) fut photographiée, je fis la remarque, au moment de la lumière soudaine au magnésium, qu'elle portait un châle semblable à celui que je possède, et que mon père avait reçu en cadeau d'Abdul-Azziz pour un service qu'il lui avait rendu, je crois, lorsqu'il dirigea le blocus, pendant la guerre de Crimée.

(1) Nom d'une des formes matérialisées qui apparaissaient à une série de séances que Mme d'Espérance donna à Gothenbourg, à M. Hedlund, en 1889.   A.A.

De suite après la séance, j'allai voir chez moi où était le châle que je trouvai plié et enfermé à sa place habituelle.

Lorsque Yolande était hors du cabinet, il m'est arrivé de la forcer, par l'influence de ma volonté, à y entrer, ce qui la mit de très mauvaise humeur ; elle voulait que je la laissasse revenir.

3° *Question* : — Quand Yolande apparaît entre les rideaux, la voyez-vous très distinctement ? — Que sentez-vous alors, et pourquoi ne répondez-vous pas aux questions ?

Réponse : — Lorsque Yolande se tient dans la fente des rideaux et que je puis la voir, je me sens assez rêveuse et indifférente à l'égard de ce qui se passe ; la raison en est sans doute que je suis trop faible et sans force pour pouvoir m'inquiéter de quelque chose. — Quand on m'interpelle, il me faut en quelque sorte d'abord rassembler mes pensées et mes forces, afin de pouvoir répondre. Je sens et pense d'une manière vague, comme si j'étais dans un rêve. Je puis penser et sentir, mais pas me remuer, ayant la sensation d'être paralysée.

4° *Question* : — Les mouvements du corps, des mains et des pieds d'Yolande, produisent-ils un effet quelconque en retour sur votre propre corps ?

Réponse : — Tout mouvement un peu vif de la part d'Yolande me fait très facilement transpirer. Je ne sais pas où elle se meut ; je sens seulement qu'elle le fait, parce que je sais à présent, par expérience, que tout effort de sa part, à elle, m'épuise bien plus que si j'en faisais moi-même.

Il arrive souvent qu'après les séances je suis dans une telle transpiration qu'il me faut changer de vêtements. Dans mon état normal, au contraire, je ne transpire pour ainsi dire jamais ; quand je prends des bains turcs, il me faut une très grande chaleur pour arriver à provoquer la transpiration.

5° *Question* : — Lorsque Yolande est tout à fait en dehors du cabinet, le savez-vous ? — Que ressentez-vous alors ? — Existe-t-il un rapport, un lien quelconque entre elle et vous ? — Quand elle est touchée par un des assistants, ou qu'elle le touche elle-même, le sentez-vous ?

Réponse : — Quand Yolande est en dehors, je le sais, mais cela peut provenir de ce que je l'ai vue sortir.

— Lorsqu'elle se dématérialise en dehors, je sens que je deviens plus forte, et j'en tire la conclusion qu'elle est partie ; mais, je ne puis dire que je le sais, comme si c'était une certitude. Quand elle s'est dématérialisée en dehors, je ne sais pas si elle a complètement disparu ou si elle est rentrée dans le cabinet sans que je l'aie vue. Tout ce que je sens, lorsqu'elle se trouve en dehors du cabinet, c'est une crainte nerveuse de ce qu'elle va faire, exactement comme si elle s'était échappée de mon contrôle, et je suis en peine qu'elle fasse une chose qu'elle ne doit pas faire. Je ne pense jamais à moi-même mais seulement à elle, tout à fait comme si j'avais un enfant qui aurait été confié à mes soins. Cela n'est jamais le cas avec d'autres fantômes ; ceux-ci ne me regardent pas et semblent ne m'être de rien. Je suis curieuse à leur égard mais pas inquiète.

Peut-être cette inquiétude quant à Yolande vient-elle de ce que celle-ci a été parfois troublée. Ainsi, par exemple, lorsque M. George Jackson (100 High Street Birmingham) était ici, lors de la première séance, il assista à l'un de ces troubles : lorsque Yolande projeta les voiles qui l'enveloppaient, il crut qu'elle les lui avait donnés et il essaya de les introduire dans sa poche ; malgré sa hâte à le faire, il semblait qu'il y en avait toujours davantage. Mais il ne plaisait pas à Yolande qu'il en conservât et elle commença à montrer des signes de mécontentement. Les autres assistants dirent à M. Jackson de lâcher les voiles, mais il ne comprenait pas le suédois et continuait de les empocher. A la fin Yolande sembla tout à fait en colère et se mit à frapper du pied. M. Jackson comprit alors qu'il avait commis une erreur et il les lui rendit. Je la voyais distinctement à l'entrée du cabinet, mais je n'avais aucune idée de ce qui pouvait lui être arrivé ; je la voyais seulement frapper du pied et tirailler sur ses voiles.

Quand Yolande est dehors et qu'elle touche quelqu'un ou que quelqu'un la touche, je le sens toujours. Je ne sais pas quand elle touche un objet comme, par exemple, un livre, une table; mais, quand elle *saisit* quelque chose, je sens mes muscles se contracter, comme si c'étaient mes mains qui l'avaient pris.

Quand elle trempa sa main dans de la paraffine fondue, j'éprouvai une sensation de brûlure (1). Lors des séances chez M. Hedlund, je me souviens d'une soirée dans le courant de laquelle il ouvrit le rideau au milieu du cabinet ; il paraît qu'à ce moment, Yolande posa son pied sur la cheville d'une planche à dessin, car je ressentis aussitôt une douleur à mon pied, mais elle ne sentit rien. Plus tard, la douleur passa et ne revint qu'à la fin de la séance.

Il y a plusieurs années, à Newcastle, elle avait une rose dans la main et une épine lui entra dans le doigt; au même moment j'avais senti la piqûre à mon doigt. Elle alla d'abord trouver un des assistants pour se faire enlever l'épine; mais, comme on ne comprit pas ce qu'elle voulait, elle vint à moi pour que je la lui arrachasse.

Excepté la souffrance (lorsque parfois il en est causé une à Yolande) je ne sens pas qu'il existe un *lien quelconque* entre elle et moi, en tant qu'atteinte à mon moi personnel. Je sens bien que je n'ai rien perdu, sinon le sentiment corporel ; je sais que je n'ai perdu, ni la force de penser, ni celle de juger, quand Yolande

---

(1) Ceci se passa à une de mes séances. J'avais préparé de la paraffine fondue avec de l'eau chaude, pour essayer d'obtenir un moule de la main de Yolande. A.A.

est là, parce que ma raison est au contraire plus lucide qu'en d'autres temps. Bien qu'elle prenne des parties de mon corps je sais pourtant qu'elle ne s'est pas emparée de mes sens intellectuels.

6° *Question* : — Avez-vous jamais été en état de voir Yolande alors qu'elle se trouve dans la chambre, loin du cabinet ?

Réponse : — Je l'ai vue jouer sur l'orgue en dehors du cabinet. Elle avait soulevé, par hasard, un peu le rideau. Dans d'autres occasions aussi, je l'ai vue au dehors ; durant les séances chez M. Hedlund je l'ai vue souvent lorsqu'elle expérimentait avec la lumière afin de voir ce que j'en pouvais supporter ; elle attachait les rideaux par en haut de manière que je pûsse la voir. Je l'ai vue aussi quand elle alla examiner la chambre. Lorsque j'ai la curiosité de la voir (comme cela m'arrive parfois), je n'ai pourtant pas la force d'ouvrir les rideaux.

J'ai vu, environ six fois complètement, Yolande hors du cabinet ; un jour, à Newcastle, elle vint vers moi, hors du troisième compartiment du cabinet à travers la chambre. Je la vis sortir ; alors je la perdis de vue et je ne sus plus rien jusqu'à ce qu'elle fût proche de moi, à la distance de quelques pieds. *J'allai avec elle*, et elle mit son bras autour de moi et m'aida à marcher jusqu'à l'orgue. — En d'autres temps, elle s'est matérialisée à mes côtés, en dehors du cabinet ; alors j'ai pu la voir aussi bien que les assistants.

7° Question : — Remarquez-vous pendant la séance des changements, des transformations, dans votre état corporel et intellectuel qui correspondraient avec les manifestations ?

Réponse : — Selon la formation des fantômes, leur dissolution, ou leurs mouvements, j'ai des impressions corporelles, comme par exemple un sentiment de vide et de paralysie ; les sensations passent aussitôt que le fantôme disparaît. Mais, par contre, il en est tout autrement de mon état intellectuel ; la puissance de mes impressions est bien plus vive dans la première phase que lorsque je suis dans mon état normal, pendant lequel il ne se forme ni matérialisations ni fantômes.

Je sais et je sens tout ce qui se passe en dehors du cercle. J'ai vu que vous vous étiez absenté (1) ; je sais,

---

(1) Ceci se rapporte à l'incident suivant : — A une séance, alors que tout était prêt : Mme d'Espérance dans le cabinet, les rideaux fermés, chacun à sa place, la demi-obscurité réglée mais la porte n'étant pas encore fermée à clef, j'en profitai pour sortir une minute de la chambre sans faire le moindre bruit. Aussitôt que je revins, on me dit que Mme d'Espérance s'était écriée : « On ne peut commencer car M. Aksakow est absent. » J'ajoute que la médium était assise dans le cabinet, me tournant le dos à cause de la position de sa

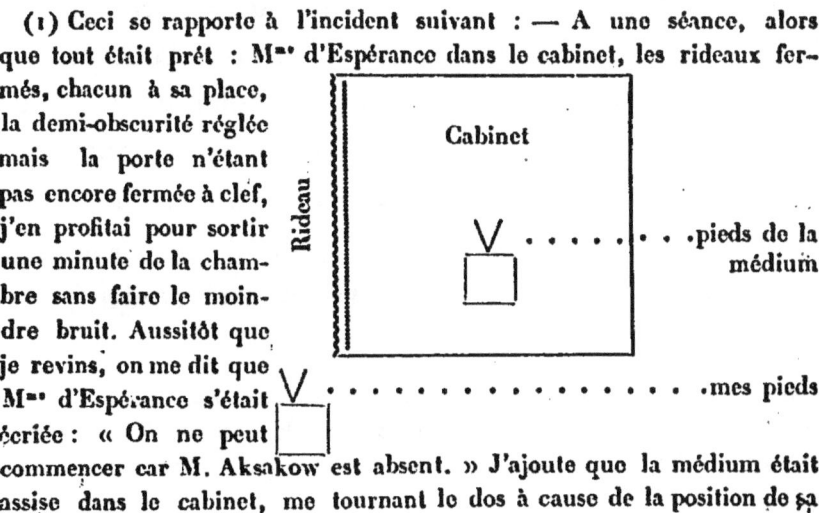

quand une personne circule dans une partie de la maison, et même bien plus nettement que dans les circonstances ordinaires. J'ai entendu sonner l'horloge de la tour de l'église ; je puis entendre le sifflement des vapeurs dans le port, ainsi que le bruit des trains montants et descendants, ce qui m'est impossible dans mon état normal.

8° Question : — Entendez-vous ce qui disent entre eux les assistants et spécialement lorsqu'on parle avec Yolande ?

Réponse : — J'entends les assistants, et il me semble aussi savoir ce qu'ils pensent : lorsque quelqu'un parle avec Yolande dans n'importe quelle langue, il me semble savoir ce qu'on a voulu dire.

Je ne les connais pas par ce qu'ils font, mais par ce qu'ils pensent.

9° Question : — Yolande vous touche-t-elle quelquefois ? Quel genre de sensation éprouvez-vous alors ?

Réponse : — Quand je touche Yolande, je sens comme si je me touchais moi-même ; mais, comme je sens qu'il y a là quatre mains, j'en conclus que ce ne sont pas les miennes. Samedi, quand elle prit mes deux mains, l'une pour tenir la guitare, l'autre pour

---

chaise ; le rideau seul nous séparait, mais ma chaise se trouvait placée au coin gauche du cabinet, un peu en arrière de la chaise de la médium, de façon qu'elle ne pouvait me voir, même si par hasard il y avait eu une fente dans le rideau.   K. A.

pincer les cordes, j'avais la sensation de toucher moi-même mes mains. Ses mains étaient plus froides que les miennes ; c'était la seule différence remarquable.

10ᵉ Question : — Touchez-vous Yolande quand vous le voulez et autant que vous le désirez ; car il est très naturel de chercher à vous assurer que vous avez un véritable corps devant vous ?

Réponse : — Je ne cherche jamais à toucher Yolande lorsqu'elle n'est pas près de moi et qu'elle ne me demande pas de faire quelque chose pour elle.

Je l'ai sentie samedi (5 juillet 1890), alors qu'ayant été si effrayée elle s'est jetée sur moi. Je sentis tout son corps, les palpitations de son cœur, le souffle de sa respiration, ou, plutôt j'ai cru remarquer les battements de son cœur. Je ne pouvais comprendre la cause de sa frayeur, c'était donc seulement le son de la guitare qui l'agitait à ce point ! Ses doigts étaient humides et lorsqu'ils vinrent dans ma figure, ils sentaient comme s'il y avait de la terre collée à eux, et j'ai pu en conclure qu'elle avait eu affaire avec la plante (1) ; je sentais le sable.

Quand j'essaye de toucher Yolande c'est toujours au commencement de la séance ; plus tard, je n'éprouve à cela ni curiosité, ni intérêt. *Lorsque j'étends ma main*

---

(1) Séance du 28 juin 1890, pendant laquelle une plante fut matérialisée par Yolande. — *Psychische Studien.* Livr. de novembre et de décembre 1891.

pour la toucher, je ne sens rien du tout, je sens comme s'il n'y avait rien là. Je vois bien qu'il y a là quelque chose ou quelqu'un lorsque les rideaux sont ouverts ; mais, plus tard, quand elle se matérialise davantage, je perds tout intérêt ; cependant, quand elle me touche, je puis la sentir.

Je ne me souviens jamais d'avoir trouvé Yolande sur mes genoux ; la plupart du temps elle s'assied à terre, à mes pieds, et couche sa tête sur mes genoux, alors elle vient devant moi et semble marcher entre moi et les rideaux ; bien qu'il n'y ait là qu'un espace de trois ou quatre pouces, elle peut y passer, et, cependant, je ne sens rien. Lorsqu'elle se met debout sur mes pieds, ou sur mes genoux, *je ne sens aucun poids*. Toutefois, le samedi 5 juillet, j'ai senti le poids tout entier de son corps ; mais d'habitude, elle semble n'avoir aucun poids.

Je ne me souviens pas si Yolande a jamais passé derrière moi, mais *Ninia* (1) le fait très souvent et elle semble alors s'enfoncer en partie dans le mur du cabinet, ce qui ne paraît pas la gêner ; Yolande ne l'a jamais fait.

Une personne vivante de la taille d'Yolande n'aurait jamais pu se mouvoir comme elle, entre moi et les rideaux, sans que j'aie pu m'en apercevoir.

(1) Une petite fille qui se matérialisait aux séances de Mme d'Espérance. A. A.

11° *Question* : — Avez-vous jamais vu Yolande se matérialiser ou se dématérialiser entre la fente des rideaux (comme nous l'avons vu une fois)? Que sentiez-vous alors ?

Réponse : — Je n'ai jamais vu Yolande se dématérialiser ; mais, le supposais d'après la sensation que j'avais du retour de mes forces. Quand j'étais à Christiania je me souviens très exactement avoir eu la sensation du manque d'air respirable dans la chambre ; et, deux ou trois fois, comme *j'aspirais fortement*, j'entendis les assistants s'écrier : « *Maintenant elle (l'apparition) s'est affaissée !* » — Une fois, je le fis dans cette intention et j'entendis Mme Fidler dire : « *A présent elle s'est de nouveau affaissée !* »

12° *Question* : — Lorsqu'à la fin de la séance Yolande est prête à se retirer, ressentez-vous quelque chose de particulier dans votre corps ? — Que ressentez-vous avant, et après la séance ?

Réponse : — A la fin de la séance j'ai toujours la pensée qu'un bon bain me ferait du bien, car je ne me sens pas très à mon aise. La raison en est, je suppose, que Yolande emprunte pour se matérialiser, une certaine quantité de substances aux assistants ; celles-ci me reviennent en partie et produisent ainsi ce sentiment de malaise. A présent, je prends toujours un bain avant les séances ; mais alors je le prenais après, et je ne crois pas que cela m'ait fait du mal, cependant je n'en suis pas sûre.

Toujours avant une séance, même huit ou neuf heures avant, j'éprouve une sensation de fourmillements dans tout mon corps ; quand je sais qu'une séance doit avoir lieu je sens aussi des picotements dans mes doigts, exactement comme si je tenais une batterie électrique ; je n'ai plus d'intérêt à rien, cela me dérange d'y penser. Aussi je préfère ne pas savoir d'avance lorsqu'une séance est organisée.

Après les séances, j'ai, d'habitude, des nausées suivies de vomissements ; cela provient de ce que j'absorbe quelques-uns des éléments des assistants (1) qu'Yolande emprunte pour se matérialiser. Dans le courant de la journée, avant la séance, je m'abstiens autant que possible de nourriture.

13º *Question* : — Avez-vous jamais essayé de retenir Yolande ou ses voiles, avec vos mains ? Il serait si naturel que vous essayiez d'obtenir un morceau de cette draperie.

Réponse : — Justement, l'autre jour, lorsque je pris des ciseaux pour lui couper une mèche de cheveux, je n'arrivai pas à la maintenir ; elle était plus forte que moi. Autrement, je n'ai jamais essayé de la re-

---

(1) Récemment Mme d'Espérance me conta que lors des expériences de Christiania, en 1893, elle avait eu la surprise de ne pas se sentir souffrante ; les assistants s'étant abstenus d'alcool et de tabac.

A. A.

tenir. Quand elle me serrait les poignets et que je ne pouvais les mouvoir, j'étais plutôt curieuse d'éprouver sa force.

14° *Question* : — Avez-vous jamais vu Yolande face à face ?

Réponse : — Quand elle était avec moi, en dehors du cabinet, *sa figure était toujours voilée*, de sorte que je ne pouvais alors la voir ; mais à Newcastle, je l'ai vue au milieu de la chambre lorsque le rideau s'ouvrit et que la lumière tomba en plein sur elle ; je vis alors ses épaules et ses bras aussi distinctement que si j'avais vu ceux d'une autre personne. C'était durant une séance de plein jour. *Je vis la dame française, et c'était comme si je m'apercevais dans une glace, tellement elle me ressemblait.*

15° *Question* : — Vous reconnaissez-vous en elle : à la figure, aux mains, ou bien à d'autres ressemblances corporelles et intellectuelles ?

Réponse : — Je n'ai jamais remarqué de ressemblance avec moi dans les traits de la figure d'Yolande, ou plutôt je n'ai jamais eu occasion d'en juger.

16° *Question* : — Ne sentez-vous jamais comme si vous étiez dans Yolande, comme si votre conscience était reportée en elle ? Ou bien, avez-vous constamment la conscience d'être séparée d'elle et toujours vous-même, à votre place dans le cabinet ? Pouvez-vous penser et juger de ce qui se passe autour de vous ?

Réponse : — Quand elle me touche, la sensation est toute semblable à celle que j'éprouve en me touchant moi-même. Je ne sens pas comme si j'étais une partie d'elle ; mais je sens, au contraire, comme si elle était une partie de moi.

Où que soit Yolande, je sais pourtant que je suis bien moi-même à ma place dans le cabinet. Ceci est un fait clair et certain, et personne au monde ne parviendrait à ébranler cette certitude, parce que j'en suis sûre et que c'est plus qu'une simple croyance. Mais, quoique je sache cela, et que je me reconnaisse ici, et que cette partie de moi-même qui respire et sort de moi semble s'affranchir de mon contrôle, elle me semble cependant être quelque chose qui m'aurait appartenu et qui serait tombée sous le contrôle d'un autre. Je ne pourrais dire exactement ce que j'ai perdu ; néanmoins je sais que je n'ai perdu aucune partie de mon être et pourtant que le nouvel être m'a appartenu.

Je considère Yolande comme un individu séparé de moi ; je suis absolument certaine qu'elle possède sa propre individualité personnelle, ses propres sens, sa propre conscience, séparée de tout ce qui m'appartient.

17° *Question* : — Lorsque vous sentez que, en réalité, Yolande est ou une autre individualité ou indépendante de vous, pouvez-vous indiquer les ca-

ractères moraux ou intellectuels de cette individualité ?
— Quand vous prenez place dans le cabinet, pensez-vous alors à Yolande ? Désirez-vous qu'elle vienne ?

Réponse : — Elle est aussi volontaire et capricieuse qu'un enfant, et elle me semble être dans la phase de développement d'une jeune fille de 13 à 14 ans, sans grande intelligence mais simplement curieuse. Elle ressemble à un être transporté à un niveau plus civilisé de l'existence ; elle comprend et apprend facilement ; le trait le plus saillant de son caractère est la curiosité.

Au début, lorsqu'elle arriva parmi nous, elle semblait ne pas savoir ce qu'était une chaise et essaya de toutes les manières de s'en servir ; elle s'assit sur le dossier et tomba. Par contre elle semblait comprendre l'usage du papier et des crayons.

Elle éprouvait une grande curiosité pour tout ce qu'on lui apportait ; elle comprenait l'usage des robes et des bijoux et savait s'en parer.

Yolande ne me montra jamais d'affection ni à personne d'autre ; elle joue librement avec les garçons de M. Fidler, parce qu'elle est habituée à eux et non par affection.

Je suppose qu'elle trouve du plaisir à s'occuper de quelque chose. S'il m'arrive de lui demander une chose ou une autre, par exemple des fleurs, elle me les donne, mais d'un air boudeur, semble-t-il. Quand c'était une autre personne qui l'en priait, elle le faisait plus volontiers ; tandis que, lorsque c'était moi, non seulement elle ne voulait pas, mais elle paraissait me considérer d'un air défiant, comme si j'avais à exercer une surveillance sur elle.

Il me semble que Yolande fait les choses parce qu'elle aime à être louée et tenue pour intelligente. Il faut qu'elle ait fait des progrès durant ces dix années puisque *Walter* (1) expliquait qu'elle avait appris les premières lettres de l'alphabet, mais qu'elle avait encore beaucoup à apprendre.

Je n'essaye jamais de penser à quoi que ce soit lorsque je suis dans le cabinet et je ne désire jamais que Yolande vienne. Je ne sais pas si *elle* viendra mais seulement que quelqu'un viendra. Évidemment, si rien ne se passait, je m'ennuierais ; c'est pour cela, je pense, que je dois avoir le désir de sa venue.

18ᵉ *Question* : — Quand d'autres fantômes apparaissent ressentez-vous qu'ils sont une partie de vous même ou bien qu'ils vous sont étrangers et indépendant de vous ?

Réponse : — Je n'éprouve pas avec les autres fantômes ce que je ressens avec Yolande ; sans regarder, je sais si c'est Yolande ou une autre figure ; je ne sais d'où cela provient ; je sens seulement la différence.

(1) Esprit guide qui se manifestait par l'écriture.

Lorsque l'apparition appela « *Charles* » ! j'étais curieuse de voir qui cela était, sans y prendre autrement d'intérêt. Je sentais qu'Yolande était partie et que j'étais dans mon état normal ; tout juste au moment où je vous parlais, je sentis la différence et, alors le fantôme appelé *Charles* était là.

19° *Question* : — Yolande s'est-elle jamais manifestée d'une manière quelconque, *autre que pendant une séance* avec le cabinet pour matérialisation ?

Réponse : — A ma connaissance, Yolande ne s'est jamais manifestée autrement que dans mes séances avec cabinet pour matérialisations. Les autres esprits qui se manifestent aux séances, ont donné des preuves de leur présence en d'autres occasions.

Je me souviens qu'un soir, alors que je vivais encore en Angleterre, j'avais l'un des petits garçons sur les genoux et comme nous chantions ensemble nous entendîmes une voix nous accompagner. Les garçons demandèrent : « Est-ce toi qui chantes, *Ninia* ? » — Elle répondit : « Oui. » — Là-dessus ils montèrent en courant l'escalier et comme ils ne la trouvèrent pas, ils crièrent : « Es-tu en bas ? » — Et la voix répondit encore : « Oui. » — Ils coururent partout la chercher jusqu'à ce qu'ils furent fatigués. Ils entendaient la voix partout dans la maison.

20° *Question* : — Dites-moi, je vous prie, vos impressions sur la réponse donnée par *Walter*, le

16 juin 1890 ; réponse que vous considériez comme une chose toute nouvelle, une « révélation » Je veux parler de votre disparition totale lorsque je regardai brusquement dans le cabinet (1) ?

Réponse : — Avant la séance du 16 juin 1890 j'avais la conviction absolue qu'il ne paraissait pas se faire de changements visibles dans mon corps. Je sentais bien que, durant les séances, un changement avait lieu, mais je ne croyais pas qu'il put être remarqué par d'autres que moi seule. Je pouvais toujours, autant que je sache, voir, sentir et entendre ou plutôt je devrais dire ; que lorsque je suis dans le cabinet, mon ouïe est bien plus fine qu'en temps ordinaire, car j'entends alors le tic-tac d'une pendule dans la chambre à côté ou à un étage au-dessous ; je puis entendre les sons de la ville, par exemple la sonnerie des horloges, des églises ; j'entends le tic-tac des montres des assistants. Il est certain que mes sens sont plus aiguisés que d'habitude. Je peux sentir les pensées, mais j'ai plutôt la sensation de les entendre ; j'ai essayé de fixer dernièrement les pensées ainsi senties et entendues de manière à pouvoir les répéter, mais je n'eus pas de résultat.

Si j'avais su que j'avais été quelquefois *transformée* comme *Walter* semble le croire je n'aurais jamais osé

---

(1) Voir : *Psych. Stud.* — 1894, p. p. 298-299.

donner des séances à des personnes n'ayant pas eu la parfaite compréhension de cet état de choses.

Parfois, je me suis promenée avec Yolande en dehors du cabinet, de sorte que les assistants pouvaient nous voir toutes deux en même temps.

Dans quantité d'occasions, j'ai pu voir Yolande devant moi, agenouillée à mon côté, tâtant mes vêtements, ou me donnant quelquefois un verre d'eau. Je lui ai parlé, je l'ai touchée et, j'ai pu me convaincre de toutes les manières que nous étions deux individualités différentes. La première fois où j'ai remarqué en moi un plus grand changement, et que j'ai vraiment compris qu'il était véritable, c'était lors des séances de photographie de HEDLUND où un esprit homme me toucha ; j'en fus tellement effrayée que j'essayai de me lever et de fuir hors du cabinet; mais je trouvai *que je ne pouvais pas me remuer*. Les assistants aperçurent l'esprit que je mentionnais et le virent se dissoudre peu à peu ; en même temps je sentais revenir mes forces et ma sensibilité.

II. — Remarques complémentaires de M. Aksakow.

Je ne saurais mieux compléter ces intéressantes communications qu'en renvoyant mes lecteurs à la description si simple et vivante que Mme d'Espérance a donnée sur ce qu'elle apprend, pense et sent pendant une séance de matérialisation, étant assise *en dehors du cabinet* en vue des assistants et qu'elle a publiée en une série d'articles dans « Le Médium, » (années 1892 et 1893) sous le titre suivant : — Comment sent un médium lorsque des esprits se matérialisent.

Je ne puis m'empêcher de reproduire ici un passage qui a une relation directe et spéciale avec la question traitée dans cet article et qui décrit un autre excellent cas de cet état de dédoublement dans lequel se trouve la médium tout en conservant sa conscience. Mme d'Espérance parle ici elle-même et, il est à remarquer que tout ceci a été écrit avant l'événement de Helsingfors :

« Maintenant arrive une autre figure petite et mince avec les bras ouverts. Quelqu'un se lève, tout à l'extrémité du cercle, vient, et les deux s'embrassent. Ce sont des cris inarticulés : « *Anna ! O Anna !* Mon enfant ! Ma chère enfant ! » — Alors, une autre personne se lève et met ses bras autour de l'esprit ; là-dessus des sanglots, des exclamations mêlées de bénédictions. Je sens mon corps se mouvoir de ci, de là ; tout devient noir devant mes yeux. Je sens les bras de quelqu'un autour de mes épaules, un cœur battre contre ma poitrine. J'ai la sensation que quelque chose se passe. Personne n'est auprès de moi ; personne ne fait attention à moi. Tous les yeux sont fixés sur cette figure toute blanche et fine dans les bras de deux femmes en deuil.

« Ce doit être mon cœur que j'entends battre si nettement ; pourtant il y a sûrement des bras qui m'entourent ; jamais je n'ai senti de contact aussi net. Je commence à m'étonner. Qui suis-je ? Suis-je la blanche apparition, ou bien suis-je celle qui est assise sur la chaise ? Sont-ce mes mains autour du cou de la plus vieille dame ; sont-ce les miennes qui sont là devant moi sur mes genoux ? Suis-je le fantôme, ou bien comment dois-je appeler celle qui est assise sur la chaise ?

« Sûrement ce sont mes lèvres qui sont baisées ; c'est ma figure qui est toute mouillée des larmes que versent si abondamment les deux bonnes dames. Mais, comment cela peut-il être ? C'est un sentiment terrible que celui de cette perte de sa propre identité. Je désire étreindre une de ces deux mains qui sont posées sur mes genoux. — Inutile ! — et toucher quelqu'un pour savoir exactement si je suis *moi* ou seulement un rêve, si *Anna* est moi, et si je suis en quelque sorte perdue dans son identité.

« Je sens les bras tremblants de la dame âgée, ses baisers, ses larmes, les caresses de la sœur, et, je me trouve dans une mortelle angoisse. Combien de temps cela va-t-il durer ? Combien de temps seront nous là toutes les deux ? A la fin, que va-t-il arriver ? Serais-je Anna ou Anna sera-t-elle moi ?

« Là-dessus, je sentis deux petites mains se glisser dans mes mains paralysées ; cela me prêta en quelque sorte un nouveau soutien ; et, avec un sentiment de vif bonheur, je trouve que je suis encore moi-même et, que la petite *Joute* (1), ennuyée sans doute de rester oubliée derrière les trois figures et se sentant isolée, cherchait une société.

« Combien suis-je heureuse de cet attouchement même de la main d'un enfant ! Mes doutes. — Qui je suis et où je me trouve — sont passés. Pendant que je ressens cela, le fantôme blanc d'Anna disparaît d..s le cabinet et les deux dames retournent à leurs places tout en larmes, très agitées mais bien heureuses. » (*The medium* — 1893 p. 146).

(1) Un autre petit esprit qui se matérialisait aux séances de M*** d'Espérance.

CHAPITRE VI

CONCLUSIONS

Au début de ce mémoire j'ai dit que le phénomène auquel il est spécialement consacré est destiné à jeter une vive lumière sur divers points encore obscurs et confus des phénomènes de matérialisation. Je me bornerai à les indiquer en quelques mots, sans entrer dans des détails plus précis.

1) D'abord le fait si fréquent de la ressemblance du médium avec la forme matérialisée, trouve son explication naturelle. Comme cette forme est seulement le dédoublement du corps du médium, il est naturel qu'elle en ait tous les traits.

Tout récemment encore, lors de nos séances de

Milan avec *Eusapia Paladino*, j'ai eu l'occasion de constater cette ressemblance quant aux *mains* j'ai mentionné, dans mon livre *Animisme* et *Spiritisme*, un cas où la ressemblance des *pieds* a été constatée par des moulages à la paraffine. Pour ce qui concerne le *visage*, nous avons les photographies de M. Crookes, sur lesquelles la ressemblance de Katie King avec son médium ne peut être méconnue. Par conséquent (ce qui est important pour l'expérimentation et la critique), il est clair que cette parfaite ressemblance n'est pas une preuve absolue de fraude de la part du médium. C'est ainsi que le général Sederholm a bien pu se tromper lorsqu'il en a conclu que Mme d'Espérance jouait elle-même le rôle des esprits.

2) Mieux que cela : — On peut saisir la forme matérialisée, la tenir et s'assurer que l'on ne tient pas autre chose que le médium lui-même, en chair et en os ; et ce n'est pas encore une preuve de fraude de la part du médium. En effet, suivant notre hypothèse, que doit-il se passer si nous retenons par force le double du médium, matérialisé au point qu'il ne reste qu'un *simulacre invisible* du corps du médium assis derrière le rideau ? Il est évident que ce simulacre, cette partie minime, subtile et éthérée, sera immédiatement absorbée par la forme déjà complètement matérialisée, à laquelle il ne manquait plus que ce reste invisible.

Il y a près de vingt ans que M. Harrisson, l'éditeur du *Spiritualist* de Londres, s'est exprimé sur ce processus de la manière suivante : « Il est clair que les deux formes doivent se réunir et que la plus petite partie se précipitera vers la plus grande. » (*The Spirit.* — 1876 — II. 256). Mais je ne sais pas comment la chose se passerait si le médium était bien « assuré », les pieds et les mains solidement attachés. D'après la théorie, ces liens avec les nœuds, cachets, etc., devraient rester intacts et pendus à la chaise du médium. Ce serait une belle expérience ! Mais je ne connais pas de cas semblable, car, dans la pratique spirite, on n'avait plus considéré comme nécessaire de recourir à la contrainte, quand on était sûr que la participation du médium était positivement écartée (1).

3) L'hypothèse en question nous explique la difficulté qui a toujours existé de voir en même temps la figure parfaitement matérialisée et le médium ; car, comme je l'ai déjà dit, une complète matérialisation exige d'un autre côté une aussi complète dématérialisation, ce qui revient à une invisibilité du simulacre que nous supposons existant à la place du corps du médium. La même chose se passe pour les photo-

---

(1) On peut cependant consulter, pour des cas analogues produits avec les médiums Jean et Émile Schraps et Mme Demmler, les *Psychische Studien* (Juin 1889, p. 258 ; Oct. 1892, p. 433 ; Sept. 1892, p. 436).

graphies du médium et de la forme matérialisée qui sont d'une rareté légendaire. Il semble que cette difficulté résiderait dans le savoir ou la possibilité de garder l'équilibre nécessaire dans la répartition des éléments matériels entre les deux formes.

4) Comme l'expérience le prouve, ce processus de la dématérialisation et de la rematérialisation ne s'étend pas seulement aux corps organiques, mais aussi aux corps inorganiques ; ce qui fait que les liens et cachets avec lesquels on attache le médium n'offrent aucune garantie. C'est ici que s'offre l'hypothèse suivante sur la manière dont se passe la chose : « Ou bien les liens sont dématérialisés ou bien le médium l'est lui-même ». Nous en avons un exemple frappant dans le cas de Mme *Compton*, que j'ai cité en détail dans le premier chapitre. Nous avons encore un exemple analogue dans l'expérience de *M. Crookes* racontée par M. Blackburn. Le cou, la taille, les mains et les bras de *Miss Cook* furent attachés par M. Crookes avec quatre rubans de toile, à quatre endroits d'une échelle portative, et les nœuds cousus et cachetés. Au bout de cinq minutes le médium sortit du cabinet, libre de tous les liens qui gisaient intacts par terre (*The Spiritualist*, 1874, II, p. 285). Je puis renvoyer le lecteur à une expérience personnelle avec le médium *Léon Montet*, que j'avais attaché avec le plus grand soin et qui, en un instant, fut libre de

tous liens, sans que le moindre nœud ait été endommagé (*Psychische Studien*, janv. 1882, p. 1).

5) Ces faits étant incontestables, la même hypothèse explique aussi les phénomènes de pénétration de la matière par la matière, et les apports qui sont si connus dans la médiumnité. Ils se rattachent évidemment à ceux mentionnés ci-dessus. Il est inutile que j'en cite ici des exemples. Je renvoie mes lecteurs à mon livre *Animisme et Spiritisme* et à mon expérience avec l'anneau de fer qui passa au bras du médium Williams, comme il en est fait mention dans les *Psychische Studien*, (février 1876). Se basant sur la même hypothèse, *M. Harrisson* est entré dans quelques détails, pour l'explication des faits d'apports et de la pénétration de la matière, dans son article : « Théorie donnant l'explication de quelques manifestations spirites » (*The Spiritualist*, 1876, I, p. 205), où il cite mon expérience avec Williams.

6) La solidarité du médium et de l'apparition devient évidente et parfaitement compréhensible.

On a plusieurs fois remarqué que les impressions physiques ressenties par la forme matérialisée se répercutent sur le médium. Nous en avons les premiers indices, et les plus communs, dans les expériences des couleurs transportées sur les apparitions de mains et dont j'ai parlé dans mon livre *Animisme et Spiritisme*. J'y ai cité aussi le cas intéressant d'une blessure au couteau faite sur un bras matérialisé et dont la douleur fut ressentie par le médium. Aux séances de Mme d'Espérance, on a également plusieurs fois observé que les piqûres faites aux mains matérialisées étaient ressenties par le médium. Moi-même, j'ai été présent à une séance pendant laquelle la forme matérialisée trempa ses mains dans de la paraffine brûlante, et où la médium s'écria, en même temps, que cela la brûlait !

Nous avons enfin un cas unique dans les annales du spiritisme, rapporté par cinq témoins, et qui éclaire cette solidarité de la façon la plus extraordinaire. A une séance avec *M. Monck*, en présence et sous les yeux des assistants, il se forma, sortant du côté gauche du médium, une figure masculine. Le médium resta tout le temps visible et la lumière était bonne. La forme se matérialisa complètement et son visage, ses mains et ses pieds furent examinés à la pleine lumière du gaz ; de plus elle donna une preuve de sa force en soulevant à tour de rôle les assistants de leur siège.

Ceci, soit dit en passant, nous prouve que l'hypothèse de la dématérialisation presque complète du médium correspondant à une matérialisation complète d'une figure, comme je l'ai expliqué plus haut, ne serait pas absolument générale, ainsi que je l'avais fait remarquer en temps et lieu ; car, ici, le médium resta corporellement visible et tangible.

Je citerai enfin textuellement ce qui suit :

« Et maintenant on proposa une expérience unique qui était, que la forme but un verre d'eau. Le résultat fut que, tandis que l'esprit matérialisé *buvait devant nous cette eau*, d'une façon visible, et que l'on entendait avaler, *cette même quantité d'eau était aussitôt rejetée par la bouche du médium ;* ceci renforce des preuves anciennes analogues ; c'est-à-dire que parfois, sinon toujours, il règne une grande communauté de goût et de sensations entre les formes psychiques et les médiums de qui elles prennent naissance ». (*The Spiritualist*, 1877, II, p. 287).

Il est de tradition que les spectres *ont peur de l'épée* ; même, dans des cas plus récents, nous rencontrons certains faits à l'appui de cette croyance. Ainsi, dans la relation de Glanvil intitulée le *Démon de Tedworth* (xviie siècle), nous lisons que le domestique de M. Mompesson (dans la maison duquel « le démon » ne laissait de repos à personne), étant obsédé dans la nuit par le spectre, le menaçait de son épée, ce qui le mettait en fuite. Une fois le spectre voulut lui enlever son épée (1) ; une lutte s'engagea, mais, aussitôt que le domestique devint maître de l'épée, le spectre disparut. « On remarqua que toujours il cherchait à éviter l'épée. »

(1) De même ce crayon qui me fut enlevé avec force, derrière le dos d'Eusapia, pendant les expériences de Milan.

(S. GLANVIL, *Saducismus triomphatus*, édit. 1688, p. 325-326). Le MARQUIS DE MIRVILLE, dans son ouvrage *Des Esprits et de leurs manifestations fluidiques*, en citant différents détails du premier cas de Cideville qui eut lieu en 1851 raconte, entre autre choses, que le spectre, supposé à la place où il faisait entendre ses coups frappés, cherchait toujours à éviter la pointe de l'épée lorsqu'on la dirigeait contre lui. Le marquis cite différents passages d'auteurs anciens à l'appui de la tradition que j'ai mentionnée.

D'après certaines observations faites aujourd'hui dans le nouveau et si mystérieux domaine de l'hypnotisme, la sensibilité de la surface de la peau est transportable à une certaine distance d'elle et peut former une sorte de couche sensible autour de l'hypnotisé ; celui-ci ne sent alors absolument rien lorsqu'on pique directement sa peau, mais, si on pique la couche d'air à une certaine distance du corps, il ressent la piqûre. Ces phénomènes sont baptisés à présent du nom d'*Extériorisation de la sensibilité* (1).

Nous avons vu que la même chose se produit dans les phénomènes de la matérialisation qui peut être considérée comme le développement complet de

---

(1) Voir : *Les Etats profonds de l'hypnose*, par A. DE ROCHAS D'AIGLUN, Paris, 1892, p. 59 : *La force vitale, notre corps vital fluidique*, par le Dr BARADUC, Paris, 1893, chap. IX ; *Extériorisation animique complète du corps vital psychique*, par le même p. 117.

l'extériorisation. C'est ainsi que la tradition et l'expérimentation se donnent la main (1).

7) Enfin le mystère de la matérialisation reçoit, sinon une solution, du moins une espèce d'explication naturelle. Ce n'est plus un miracle, une création momentanée de la matière de formes organiques humaines tirées de rien pour ainsi dire ; c'est une transformation, une transmutation d'une forme organique existante dans une autre. Cela reste encore merveilleux mais n'est plus miraculeux. La doctrine spiritualiste y gagnera, car cela tend à prouver que le corps n'est pas seulement le résultat du jeu des forces chimiques, mais le produit d'une force organisante, persistante, qui peut modeler la matière à son gré. Le corps que nous connaissons apparaît comme un vêtement matériel, temporaire seulement. La suprématie de l'esprit sur la matière devient évidente.

Dans un cas de simple dédoublement, quand le médium est en transe, nous avons un phénomène d'équilibration, de répartition de la matière organique, appartenant à *un* corps, entre *deux* corps, avec conservation de l'identité de la forme qui est engendrée par le principe individuel organisateur. — Quand ce phénomène a lieu sans que le médium soit en transe, nous avons la preuve que notre auto-conscience

---

(1) Voir : *Psych. Stud.*; livr. de juillet 1893, p. 321.

n'épuise pas le contenu de notre être psychique, et que le moi organisant peut, en dehors du moi conscient, agir et construire un corps. — Quand le dédoublement se produit avec une variété de forme dans quelques organes, tout en retenant le type général (comme nous le voyons dans le cas de *Katie King* où la formation des ongles, des oreilles et la couleur des cheveux différaient tout à fait de celles du médium), nous avons la preuve éclatante de la force organisatrice du moi transcendant qui ne s'en tient pas au modèle du corps terrestre connu de nous qu'elle anime. C'est un commencement de transformation (1). — Si la forme matérialisée n'offre plus rien de commun avec le médium (comme dans le cas de *Katie Brink* de Mme *Compton* dont il est question au chap. I), nous nous trouvons en face d'une transformation complète ou transfiguration.

Par qui ou par quoi celle-ci est-elle produite ? C'est là la question épineuse et capitale. Il est difficile de supposer que cela soit l'œuvre du même moi individuel, transcendant ; et si, au point de vue critique, cette forme répond à toutes les exigences formulées pour la constatation d'une individualité (Voir *Ani-*

---

(1) Les anciens connaissaient cette sorte de transformation. Jamblique dit, dans son livre *De Mysteriis Ægyptiorum* (Sect. III, cap. 5) : « Corpus eorum vel concrescere videtur in altum, vel in amplum, vel per aerem ferri videtur. » A. A.

misme et Spiritisme), nous avons la preuve la plus excellente qu'un moi individuel transcendant, qui n'est plus celui du médium, s'est seulement emparé de sa matière organique pour la transformer selon son désir.

Mais, s'il en est ainsi, ne serait-il pas plus simple, pour ce moi transcendant, d'employer ce même corps ou ce même visage et de le transformer suivant le but voulu sans recourir à la production merveilleuse d'un corps tout différent de celui du médium ? Si des faits de ce genre existaient ce serait la preuve frappante et visible que la matérialisation se résout en un phénomène de transmutation. Eh bien ! Oui, ces faits existent ; mais ils sont rares et disséminés dans la masse énorme des matériaux de la littérature spiritique.

Je trouve, à ce propos, deux cas dans un article de Miss Kislingbury (*The Spiritualist*, 22 décembre 1876) où elle divise également les fantômes en dédoublements, transfigurations et transformations, et où elle cite deux exemples de transfiguration.

Voici le premier, extrait d'une lettre de M. Joy (d'Amérique) publiée déjà dans le même journal (17 septembre 1875).

« Mme *Crocker*, une médium très estimable de Chicago, me racontait il y a quelque temps les faits suivants. Sous la direction de son guide spirituel, elle commença il y a quelques mois une série de séances pour le développement d'une nouvelle phase de médiumnité ; ces séances étaient bornées à sa seule famille. Un soir, comme un feu clair flambait dans la chambre, et que la lumière de la lune y donnait aussi, elle fut transformée : son visage changea complètement de grandeur, de forme et de caractère ; une épaisse barbe noire y apparut. Tous ceux qui se trouvaient à la table virent la même chose. Son gendre, assis immédiatement à côté d'elle, dit, comme elle tournait sa face vers lui : « Eh ! mais c'est mon père ! » — et après il déclara que c'était tout à fait l'image de son père qui était mort. Peu après, Mᵐᵉ Crocker fut changée en une vieille femme à cheveux blancs. Ces métamorphoses eurent lieu peu à peu et pendant que les témoins ne quittaient pas des yeux son visage... Elle avait gardé toute sa connaissance, mais éprouvait une vive sensation de picotement par tout le corps, exactement comme si elle tenait les pôles d'une forte batterie galvanique. »

L'autre exemple est tiré du *Livre des Médiums* d'ALLAN KARDEC. Le fait eut lieu en 1858, aux environs de Saint-Étienne.

« Une jeune fille d'une quinzaine d'années jouissait de la singulière faculté de se transfigurer, c'est-à-dire de prendre à des moments donnés toutes les apparences de certaines personnes mortes ; l'illusion était si complète, qu'on croyait avoir la personne devant soi, tant étaient semblables les traits du visage, le regard, le son de la voix et jusqu'au jargon. Ce phénomène s'est renouvelé des centaines de fois sans que la volonté de la jeune fille y fût pour rien. Elle prit plusieurs fois l'apparence de son frère mort quelques années auparavant ; elle en avait non-seulement la figure, mais la taille et le volume du corps. Un médecin du pays, maintes fois témoin de ces effets bizarres, et voulant s'assurer s'il n'était pas le jouet d'une illusion, fit l'expérience suivante. Nous tenons les faits de lui-même, du père de la jeune fille et de plusieurs autres témoins oculaires très honorables et très dignes de foi. Il eut l'idée de peser la jeune fille dans son état normal, puis dans celui de transfiguration, alors qu'elle avait l'apparence de son frère âgé de vingt et quelques années, et qui était beaucoup plus grand et plus fort. Eh bien ! il s'est trouvé que dans ce dernier état le poids était presque le double. L'expérience était concluante, et il était impossible d'attribuer cette apparence à une simple illusion d'optique. »

Bien que ces deux faits soient cités par Miss Kislingbury comme des exemples de transfiguration, la production de la barbe, des cheveux gris, l'augmentation de poids sont des phénomènes qui indiquent suffisamment qu'un processus de transformation a déjà eu lieu, en admettant toutefois l'exactitude des faits relatés. Malheureusement, les détails d'observation et les témoignages directs des témoins oculaires nous manquent pour accorder pleine confiance à ces faits dont l'importance, au cas où ils seraient authentiques, est des plus grandes. Un point sérieux en leur faveur, c'est qu'ils ne sont pas en contradiction avec le principe sur lequel se base toute matérialisation, et qu'ils formeraient de la sorte le degré transitoire et initial de la transformation d'un corps organique dans un autre, sous l'action d'une force organisatrice inconnue.

C'est ici le moment de mentionner une autre sorte de phénomènes qui parleraient aussi en faveur de la théorie des transformations, mais qui, malheureusement, sont tout aussi rares et insuffisamment décrits que les précédents.

Ainsi, nous avons le fait suivant rapporté par M. Simmons, à l'un des meetings de l'Association nationale des Spiritualistes, tenue à Londres au mois de décembre 1876.

« Le Dr Newbrough lui avait raconté comment il avait lié dans ce but Mme *Compton* avec des cordes cirées, et cloué au sol sa robe d'alpaga noir. Après l'avoir ainsi attachée, il se rendit dans le cercle qui se trouvait au dehors et on vit sortir du cabinet une forme qui était plus petite que Mme Compton et qui était toute enveloppée de blanc ; il aurait fallu, dit-il,

30 à 40 aunes d'étoffe pour confectionner cette robe. Le docteur fut engagé à entrer dans le cabinet et n'y trouva plus que la chaise vide de la médium (1). Il ressortit, parla avec le fantôme et lui demanda un morceau de son vêtement. La forme dit — « Si vous en coupez, cela fera un trou dans la robe de la médium » — et elle ajouta qu'il faudrait en ce cas lui faire cadeau d'une robe neuve. Là-dessus, il coupa du vêtement blanc un morceau grand comme la main environ. La forme rentra alors dans le cabinet. Un moment après, il fut invité à y entrer aussi, et il trouva la médium attachée avec les cordes cirées, et sa robe clouée au plancher comme précédemment ; et, *dans la robe noire, il y avait un grand trou que remplissait exactement le morceau blanc*. Plus tard le docteur coupa un grand morceau du vêtement noir pour montrer aux autres le trou dans lequel rentrait exactement le fragment blanc. Depuis, il fit examiner et analyser ces étoffes, et elles furent trouvées en tous points semblables, quoique de couleur différente (*The Spiritualist*, 1876, II, p. 257).

La même chose fut observée plusieurs fois aux séances de Mme d'Espérance, où, quand l'un des assistants réussissait à couper clandestinement un mor-

---

(1) On trouvera des détails plus étendus sur Mme Compton et les manifestations analogues dans la livraison de juin 1894 des *Psychische Studien* (p. 291).

ceau du voile qui enveloppait la figure matérialisée, il se trouvait qu'un morceau de la robe ou du jupon de Mme d'Espérance était enlevé. Je ne saurais indiquer les textes, car depuis longtemps j'ai dû renoncer à tenir mon registre à cause de ma vue affaiblie. Je sais seulement que, dans les cas de Mme d'Espérance, il n'a pas été fait d'expérimentation dans ce sens. Cela fut découvert par hasard, et toujours seulement après la séance. Lors de mes séances à Gothenbourg j'avais voulu organiser une expérience de ce genre et, dans ce but, j'avais commandé pour Mme d'Espérance une robe spéciale; mais je n'eus pas l'occasion de faire cette expérience, m'acharnant à poursuivre celle pour laquelle j'étais venu expressément à Gothenbourg. Remarquons cependant que, lorsqu'on fait cette coupure avec la permission de l'apparition comme dans le cas précité (*Psychische Studien*, 1893 p. 341-394), il ne résulte pas de pareille suprise pour Mme d'Espérance et sa robe reste intacte.

Si nous pouvions établir un fait de ce genre d'une manière indiscutable, nous aurions, là aussi, un phénomène faisant époque comme celui auquel a été consacré ce petit travail, et, de plus, non seulement une preuve éphémère et passagère comme dans les cas de matérialisation de corps organiques vivants, mais encore une preuve durable comme les nœuds à une corde sans fin obtenus par le professeur Zöllner.

Au point de vue d'une critique impartiale je dois reconnaître que le phénomène de la dématérialisation partielle du corps du médium, dont je parle, est encore loin de pouvoir être considéré comme positivement fondé. Son principal défaut (que je ne saurais ignorer) est d'être *unique* et *inattendu*; les témoins, qui ne prévoyaient rien de pareil, ne pouvaient pas, en présence de ce phénomène, se conduire avec la prudence nécessaire pour la constatation d'un fait aussi extraordinaire. Mais, tel quel, il m'a semblé qu'il était suffisamment appuyé de preuves pour être l'objet de ce mémoire.

A présent que le fait est connu, il ne reste plus qu'une chose à désirer : sa *reproduction* dans les meilleures conditions possibles pour une observation irréprochable, et surtout dans un cercle bien au courant de cette question. Nous avons pour cela un aide important dans la personne même du médium, qui ne demande rien tant qu'une investigation sérieuse, et qui offre, à cet égard, des conditions exceptionnellement bonnes, puisqu'il ne tombe pas en transe pendant la séance, qu'il est accessible à l'observation, et qu'il est lui-même excellent observateur. Mais, pour que ce phénomène puisse se renouveler chez Mme d'Espérance, il faut avant tout que sa santé se rétablisse, et que sa médiumnité, disparue après la secousse physique et morale ressentie à la suite de cet incident, réapparaisse de nouveau. D'après les dernières nouvelles que je reçois d'elle, une amélioration dans l'état de sa santé s'est enfin produite et sa médiumnité commence à revenir. Espérons donc qu'elle ne restera pas victime de cette cause qui jusqu'à présent ne lui a apporté que des chagrins, des déceptions et des attaques, en échange de toute l'abnégation et de tout le dévouement dont elle a fait preuve.

Repiofka, Penza, 11/23 juillet 1895.

TABLE DES MATIERES

CHAPITRE PREMIER

Pages

SPÉCULATIONS THÉORIQUES 1

CHAPITRE II

DESCRIPTION DE LA SÉANCE DONNÉE PAR Mme D'ESPÉRANCE, LE 11 DÉCEMBRE 1893, A HELSINGFORS EN FINLANDE, OU LE PHÉNOMÈNE DE LA DÉMATÉRIALISATION PARTIELLE DU CORPS DU MÉDIUM FUT CONSTATÉ PAR LA VUE ET LE TOUCHER 25

I. Témoignage de Mlle Hjelt 28
    A. *Lettre de Mlle Hjelt à M. Aksakow*. 28
    B. *Lettre de M. Aksakow à Mlle Hjelt*. 45
    C. *Réponse de Mlle Hjelt à M. Aksakow* 47
    D. *Réponse complémentaire de Mlle Hjelt* 52

II. Témoignage de M. le capitaine d'Etat-major Toppelius 57

III. Témoignage de M. le professeur Seiling . . . 58
    A. *Lettre de M. Seiling à M. Aksakow*. 58
    B. *Lettre de M. Aksakow à M. Seiling*. 60
    C. *Réponse de M. Seiling à M. Aksakow* 63
    D. *Rapport complémentaire de M. Seiling, avec dessins* . . . 67
    E. *Lettre de M. Aksakow à M. Seiling* 74
    F. *Réponse de M. Seiling* 77

IV. Témoignage de Mme Hélène Seiling 79
    A. *Note de Mme Seiling* 79
    B. *Remarques de M. Aksakow* 80

V. Témoignage de Mlle Fanny Tavaststjerna . . . 81
    A. *Lettre de Mlle Tavaststjerna à M. Aksakow* 81
    B. *Supplément à la lettre précédente* 86

VI. Témoignage du général Toppelius 87

VII. Témoignage de M. le docteur Hertzberg . . 89

VIII. Témoignage de M. l'ingénieur Schoultz . . 92
    A. *Lettre de M. Schoultz à M. Aksakow* 92
    B. *Contre-témoignage de M. Seiling* 96
    C. *Contre-témoignage du Dr Hertzberg* 98
    D. *Contre-témoignage de Mlles Hjelt et Tavaststjerna* . . 100

IX. Témoignage du général Sederholm 103

X. Témoignage de M. J. Boldt 105

XI. Témoignage du général Galindo et de M. Lömbom 106

XII. Témoignage personnel du médium, Mme d'Espérance 107
    A. *Récit fait par Mme d'Espérance, de la séance tenue à Helsingfors dans la maison de M. Seiling* 107
    B. *Questions adressées par M. Aksakow à Mme d'Espérance* . 118
    C. *Explications complémentaires de Mme d'Espérance* . . 120

CHAPITRE III

ENQUÊTE PERSONNELLE DE M. AKSAKOW 127

CHAPITRE IV

EXTRAITS DES LETTRES DU MÉDIUM CONCERNANT SON ÉTAT APRÈS LA DERNIÈRE SÉANCE D'HELSINGFORS 163

CHAPITRE V

DÉCLARATION PERSONNELLE DU MÉDIUM SUR SON ÉTAT PENDANT UNE SÉANCE DE DÉMATÉRIALISATION 171

I. Questions de M. Aksakow et réponses du médium 174
II. Remarques complémentaires de M. Aksakow . 196

CHAPITRE VI

Conclusion 201

FIN DE LA TABLE

ACHEVÉ D'IMPRIMER

LE 3 OCTOBRE 1896

Sur les presses de

BUSSIÈRE FRÈRES

Saint-Amand (Cher).

POUR LA

LIBRAIRIE DE L'ART INDÉPENDANT

A

PARIS

BIBLIOTHÈQUE

DE

LA HAUTE SCIENCE

RENÉ BASSET. — **Les Apocryphes éthiopiens** (Fascicule VI). — *Les Prières de S. Cyprien et de Théophile.* Plaquette in-8 écu . . . . . 2 fr. »»

VII. — *Enseignement de Jésus-Christ à ses disciples et Prières magiques* . . . . . 1 fr. 50

VIII. — *Règles attribuées à St-Pakhôme* . 2 fr. »»

POUVOURVILLE (A. DE). — **Le Traité des influences errantes de Quangdzu**, traduit du chinois par A. DE POUVOURVILLE (MATGIOI) . . . . 2 fr. »»

ÉMILE BURNOUF. — **Le Vase Sacré et ce qu'il contient.** *Dans l'Inde, la Perse, la Grèce et dans l'Église chrétienne; avec un appendice sur le Saint-Graal.* Volume in-8 écu . . . . 5 fr. »»

KIRK (ROBERT). — **La République Mystérieuse des Elfes, Faunes, Fées et autres semblables.** *Traité montrant les principales curiosités telles qu'on les voit encore de nos jours, parmi divers gens du peuple d'Écosse; singularités pour la plupart propres à cette nation,* par M. ROBERT KIRK, ministre à Aberfoyle, 1691. Traduit de l'anglais par RÉMY SALVATOR . . . . . . 2 fr. 50

www.ingramcontent.com/pod-product-compliance
Lightning Source LLC
Chambersburg PA
CBHW071943160426
43198CB00011B/1519